Zigmond

Wie Buddha die
Work-Life-Balance erfand

Wie Buddha die Work-Life-Balance erfand

Und wie seine Gedanken Ihnen heute den Alltag erleichtern

Dan Zigmond

Aus dem Amerikanischen übersetzt
von Bettina Snowdon

TRIAS

Bibliografische Information der Deutschen Nationalbibliothek
Die Deutsche Nationalbibliothek verzeichnet diese Publikation in der Deutschen Nationalbibliografie; detaillierte bibliografische Daten sind im Internet über http://dnb.d-nb.de abrufbar.

Die US-amerikanische Originalausgabe erschien 2019 unter dem Titel »Buddha's office«.

Dieses Werk wurde vermittelt durch die Literarische Agentur Thomas Schück GmbH, 30161 Hannover.

1. Auflage 2020

ein Unternehmen der Thieme Gruppe
Rüdigerstr. 14
70469 Stuttgart
Deutschland

www.trias-verlag.de

Printed in Germany

Programmplanung: Celestina Filbrandt
Projektmanagement: Kathrin Hage
Redaktion: Magdalena Kieser
Übersetzung: Bettina Snowdon, Hamburg
Bildredaktion: Christoph Frick
Umschlaggestaltung:
CYCLUS · Visuelle Kommunikation, Stuttgart
Bildnachweis:
Umschlagfoto: Grafikbüro Schaaf, Germersheim
Zeichnungen im Innenteil: © 2019 by Rosie Scott
Satz: Ziegler und Müller, Kirchentellinsfurt
Druck: Westermann Druck Zwickau GmbH, Zwickau

ISBN 978-3-432-11177-3 1 2 3 4 5 6

Auch erhältlich als E-Book:
eISBN (epub) 978-3-432-11178-0

Wichtiger Hinweis: Wie jede Wissenschaft ist die Medizin ständigen Entwicklungen unterworfen. Forschung und klinische Erfahrung erweitern unsere Erkenntnisse. Ganz besonders gilt das für die Behandlung und die medikamentöse Therapie. Bei allen in diesem Werk erwähnten Dosierungen oder Applikationen, bei Rezepten und Übungsanleitungen, bei Empfehlungen und Tipps dürfen Sie darauf vertrauen: Autoren, Herausgeber und Verlag haben große Sorgfalt darauf verwandt, dass diese Angaben dem Wissensstand bei Fertigstellung des Werkes entsprechen. Rezepte werden gekocht und ausprobiert. Übungen und Übungsreihen haben sich in der Praxis erfolgreich bewährt.

Eine Garantie kann jedoch nicht übernommen werden. Eine Haftung des Autors, des Verlags oder seiner Beauftragten für Personen-, Sach- oder Vermögensschäden ist ausgeschlossen.

Datenschutz: Wo datenschutzrechtlich erforderlich, wurden die Namen und weitere Daten von Personen redaktionell verändert (Tarnnamen). Dies ist grundsätzlich der Fall bei Patienten, ihren Angehörigen und Freunden, z. T. auch bei weiteren Personen, die z. B. in die Behandlung von Patienten eingebunden sind.

Der Autor

Dan Zigmonds berufliche Pole könnten kaum weiter auseinanderliegen: Er ist sowohl Data Scientist als auch Zen-Priester. In seiner »Wissenschaftswelt« berät er Start-ups und andere Firmen hinsichtlich Daten und Gesundheit. In seinem spirituellen Leben lehrt er am Jikoji-Zen-Zentrum, einem kleinen buddhistischen Tempel in den Bergen von Santa Cruz, und ist Co-Autor bei *Tricycle*, dem größten buddhistischen Magazin der USA. Und nebenbei schreibt er auch noch Bücher. 2015 wurde er vom *Wired Magazine* zu einem der »20 Wirtschaftsgenies, die man kennen sollte« ernannt. Er lebt mit seiner Familie im kalifornischen Menlo Park in der Nähe von San Francisco.

Inhalt

Teil 2: Übungen 41

Einleitung: Erleuchtung bei der Arbeit

Buddha arbeitete nicht einen einzigen Tag in seinem Leben. Vor etwa 2500 Jahren geboren, wuchs er zunächst als ein verhätschelter Prinz heran, ließ dann alle Reichtümer hinter sich, um ein wandernder Mönch zu werden und beendete sein Leben als hochangesehener spiritueller Lehre. Und all das, ohne je ein Gehalt dafür zu beziehen.* Man weiß nicht, ob er jemals Geld in Händen hielt. Seinen engsten Anhängern untersagte er es sogar.

Wieso sollte es also irgendjemanden interessieren, was ein Schnorrer wie er über Arbeit zu sagen hatte?

Lassen Sie uns das einmal hinterfragen. Noch heute folgen nicht wenige Menschen dem Beispiel Buddhas wortgetreu, entsagen allem weltlichen Besitz und verbringen ihr Leben als Vollzeitmönche. Es sind tatsächlich mehr Menschen, als Sie vielleicht vermuten würden – die Schätzungen gehen von ein paar hunderttausend bis zu weltweit einer Million und mehr. Doch ich wette, dass Sie, da Sie dieses Buch lesen, nicht zu ihnen gehören. Sie haben sich vermutlich nicht dafür entschieden, Ihr Leben in einem Tempel oder Kloster zu verbringen, allein und ohne festen Wohnsitz durch die Einöde irgendeines fernen Landes zu wandern. Ich auch nicht. Die meisten von uns sind überhaupt nicht in der Lage, so zu leben, wie Buddha und seine engsten Anhänger es vorlebten. Wir verbringen die meiste Zeit unseres Erwachsenenlebens auf die ein oder andere Weise mit Arbeit.

Und das ist manchen von uns zutiefst verhasst. Heute trifft man nur selten auf jemanden, der seine Arbeit wirklich liebt. Viel zu viele Menschen verbringen dagegen einen großen Teil ihrer Zeit mit einem Job, den sie überhaupt nicht ausstehen können. Die Glücklicheren unter

---

* Und er musste sich auch nie mit viel Hausarbeit abgeben. Er verließ sein Zuhause an dem Tag, an dem sein Sohn geboren wurde. Man kann wohl davon ausgehen, dass er vor seinem Verschwinden keine einzige Windel wechseln musste.

ihnen freuen sich auf das Wochenende, an dem sie zwei Tage ihres *wirklichen* Lebens zurückbekommen. Doch viele mit besonders stressigen Berufen haben noch nicht einmal das, sie jagen sich selbst durch den Samstag und Sonntag, schalten kaum mal einen Gang herunter und halten sich an der Hoffnung auf eine frühe Verrentung oder eine andere zukünftige Belohnung fest. Die meisten Amerikaner nehmen noch nicht einmal alle ihnen zustehende Urlaubstage in Anspruch.[1]

Die Glücklichen, die ihre Arbeit lieben, leiden dagegen oft unter ihren eigenen speziellen Frusterlebnissen. Seien es nicht enden wollender Stress, die permanenten Anforderungen an Körper und Geist oder das schlechte Benehmen von Kollegen oder Kunden. Es kann aber auch sein, dass die Arbeit an sich zwar richtig gut ist, aber ein bisschen *weniger* sein dürfte. Es scheint so, als klage wirklich jeder, der einer anspruchsvollen Tätigkeit nachgeht, über seine Work-Life-Balance. Oder gibt es etwa tatsächlich jemanden, der nichts lieber tut, als zu jeder Tages- und Nachtzeit E-Mails und Textnachrichten zu beantworten? Alle, die sich hier wiederfinden, können sich jetzt auf eine Überraschung gefasst machen: Eine wissenschaftliche Studie aus dem Jahr 2016 stellt fest, dass arbeitsbedingter Stress die fünfthäufigste Todesursache in den USA darstellt.[2] Manche schaffen es noch nicht einmal bis zur Rente. Im Kapitel »Der Preis des Leidens« (S. 25) gehe ich darauf noch genauer ein.

Aber so muss es nicht sein. Buddha wusste das schon vor 2500 Jahren, obwohl er nie auch nur einen Fuß in ein Büro setzte.

Als Buddha seine große Erleuchtung erfuhr – er also zu *dem* Buddha wurde (*Buddha* bedeutet »der Erleuchtete«) –, zählte er den »rechten Lebensunterhalt« zu den acht Schlüsseln zu einem erleuchteten Leben. Irgendwie war ihm bewusst, dass Arbeit wichtig und das *richtige* Arbeiten essenziell ist. Auf seinen Wanderungen durch das alte Indien, auf denen er seine Entdeckung des Weges zur spirituellen Befreiung weitergab, predigte er nicht nur anderen umherziehenden Mönchen (und eventuell Nonnen), wie er selbst einer war, sondern auch denen, die er »Dabeisitzende« nannte und die er dazu anregte, seinen Lehren und gleichzeitig weiterhin ihrem Arbeitsalltag zu folgen. Selbst vor über zwei Jahrtausenden war Buddha klar, dass die meisten von uns den Großteil ihrer Zeit arbeitend verbringen und die Erleuchtung dort und nirgendwo anders finden müssen.

Buddha wuchs unter dem einen Prozent der Privilegierten seiner Zeit auf und wurde zu einem angesehenen Gast bei Königinnen und Königen, doch er war auch von Kleinbauern, Handwerkern und kleinen Händlern umgeben, die um ihre Existenz kämpfen mussten. Die buddhistischen Schriften, genannt Sutras, beschreiben Dutzende von Berufen, die zu Buddhas Zeit ausgeübt wurden. Zu seinen Zuhörern gehörten alle, sowohl Adelige als auch Sklaven,[3] und für die meisten von ihnen war die Arbeit ein notwendiger und zentraler Teil ihres täglichen Lebens. Buddha konnte das genauso wenig ausklammern, wie wir es heute können. Die Erleuchtung war kein Privileg, das Vollzeitmönchen vorbehalten war. Buddha wusste, dass er den »normalen« Menschen zur rechten Arbeit verhelfen musst, damit diese ihren eigenen Weg der Erleuchtung beschreiten konnten.

Genau darum geht es in diesem Buch: wie wir unsere Arbeit nicht als eine weitere Störung, sondern als wesentlichen Teil unserer Erleuchtung verstehen können.

Mithilfe dieses Buchs werden Sie verstehen, warum Buddha – jemand, der niemals selbst einen Job hatte – entschied, dem *rechten Lebensunterhalt* eine derart große Bedeutung beizumessen. Aber noch wichtiger ist, dass Sie erfahren werden, wie Sie den Weg zu einer Arbeit finden, der »recht« bzw. »richtig« ist – in jedem Sinne des Wortes: richtig für Sie, richtig für Ihre Gesundheit, richtig für Ihren Verstand und richtig für unsere Welt.

Die Lehren Buddhas sind nicht kompliziert. In seiner allerersten Unterweisung umriss er sie mit gerade einmal etwa 700 Wörtern – etwa so vielen, wie Sie bisher in diesem Buch bereits gelesen haben! Die meisten davon beziehen sich auf Grundprinzipien wie Ehrlichkeit und Ausgeglichenheit, die es uns ermöglichen, der Welt um uns herum mehr Aufmerksamkeit zu widmen. Doch will man diese einfachen Lehren auf die Komplexität des Alltags übertragen, kann es etwas kompliziert werden. Über die Jahre hinweg arbeitete Buddha weiter an diesem Konzept, sodass der Umfang seiner Lehren auf letztlich 20 000 bis 80 000 Seiten angewachsen war, je nach Quelle.

Trotz seiner völlig fehlenden eigenen Erfahrung mit Arbeit hat sich Buddha in seinen späteren Unterweisungen häufig auf genau dieses Thema bezogen. Einige seiner Mahnreden waren sowohl ungenau als auch wenig überraschend. (So sprach er sich beispielsweise dafür aus, Berufe zu meiden, die mit Waffen, Menschenhandel oder Drogen befasst sind.) Doch wenn man einmal damit beginnt, an einem dieser simplen Fäden zu ziehen, ist es ein Leichtes, den ganzen Pullover aufzudröseln: Was meinte Buddha eigentlich, wenn er davon sprach, »berauschende« und »giftige« Berufe zu meiden? Ich arbeite heute bei Instagram und war davor bei Facebook. Sind diese Online-Plattformen Rauschmittel? Oder sind sie Gift? Ich nehme an, dass einige Leute mit Ja antworten würden, doch ich lehne das entschieden ab. Sollen wir das Fernsehen als Rauschmittel bewerten? Was ist mit Videospielen? Sind Kohlekumpel Gifthändler? Wie sieht es mit Autobauern aus? Manche bezeichnen Zucker als Gift – gehören Eisdielen dann verboten? Ein deprimierender Gedanke.

Wie auch immer, diese einfachen Anregungen sind erst der Auftakt. Die Richtlinien, die Buddha festlegte, um uns in allen anderen Bereichen zu leiten, müssen uns auch bei der Arbeit leiten. Zu den Elementen des achtfachen Weges gehören neben dem rechten Lebensunterhalt noch rechte Anschauung, rechte Gesinnung, rechte Rede, rechtes Handeln, rechtes Streben, rechte Achtsamkeit und rechtes Sichversenken. Sie alle können bei der Arbeit hilfreich sein – vor allem rechte Achtsamkeit und rechtes Sichversenken, die wir noch gesondert behandeln werden. Die meisten wissen aus eigener leidvoller Erfahrung, dass es unzählige Dinge gibt, die uns bei der Arbeit von diesem Weg abbringen – wodurch wir in *falsches* Handeln, *falsche* Rede usw. verfallen, einen schlechten Umgang mit den Kollegen pflegen, kopflos von einer Aufgabe zur nächsten springen oder sogar lügen, betrügen oder stehlen. Auch darüber – und wie es sich vermeiden lässt – werden wir sprechen.

Buddha lehrte, dass zum Leben auch eine Menge Leid gehört, was viele auf das Arbeitsleben bezogen sofort unterschreiben würden. Doch er lehrte auch, dass es nicht zwangsläufig so sein muss, es für Leiden einen Grund und eine Heilung gibt. Die Heilung ist nicht unbedingt *einfach*, aber *möglich*. Und sie ist hinter einem Schreibtisch, einer Registrierkasse oder in einer Fabrik ebenso möglich wie auf einem fernen Berggipfel.

Um Erleuchtung zu finden, müssen Sie nicht Ihren Beruf aufgeben. Es würde Ihnen womöglich gar nicht helfen. Das Leben Buddhas war so etwas wie das Gegenteil des typischen »American Dream«: Er begann sein Leben in Luxus und endete mittellos.* Diese ganze Jagd nach dem Glück seiner Jugend empfand er als Ablenkung. Es ist nicht einfacher, am Strand, auf dem Golfplatz oder in einem Spa die Erleuchtung zu finden, so verlockend sich die Verabschiedung aus dem Berufsleben auch anhören mag. Buddha würde sogar behaupten, es könnte schwieriger sein.

Sie müssen auch kein Buddhist werden. Buddha verwendete diesen Begriff nie und wäre vielleicht auch nicht begeistert darüber, wie er heutzutage verwendet wird. Er glaubte nicht an »Buddhismus« an sich – er glaubte an das Aufmerksamsein, daran, auf sich selbst zu achten und zu erwachen. Das ist etwas, das jeder in jeder Religion tun kann.

Letztlich hängen Glück und Erfüllung im Beruf mit denselben Dingen zusammen, die uns Glück und Erfüllung in allen anderen Lebensbereichen verleihen. Wie alles, was es wert ist, gibt es hier keine Abkürzungen. Es gibt keine Pille, die Sie dafür einnehmen, kein magisches Notizbuch, das Sie kaufen, und keine seltsame Übung, die Sie dafür machen können. Doch dieses Buch wird Ihnen aufzeigen, wie sich Buddhas einfache Anleitungen auf das tägliche Leben im Büro oder in jedem anderen Job anwenden lassen. In Kürze werden Sie erwachen, während Sie gute Arbeit verrichten.

---

* Seine Frau und sein Sohn, die er verließ, wurden letztlich später ordiniert und traten Buddhas wachsender Gemeinschaft von Mönchen und Nonnen bei, sodass sein einziger Nachkomme ebenfalls mittellos endete.

Teil 1: Erkenntnisse

Kapitel 1: Wozu arbeiten?

Kurz nach Buddhas Erleuchtung kamen die zwei Kaufleute Tapussa und Bhallika durch ein Nachbardorf. Wie sich die Nachricht verbreitete, in der Nähe befinde sich ein heiliger Mann, der kürzlich zu dem wurde, was er »vollständig erleuchtet« nannte, ist nicht ganz klar, doch ein dort lebender Verwandter ließ es die beiden wissen.[4] Selbst im alten Indien, in dem umherziehende Mystiker weitaus üblicher waren als heutzutage, war das eine sensationelle Nachricht. Die beiden Männer suchten ein paar Nahrungsmittel zusammen, die sie als Gabe mitbringen wollten, und zogen los, um den Erleuchteten zu finden. Die Erzählung besagt, dass sie Buddha ein wenig überrumpelten. Er hatte noch nicht damit begonnen zu predigen – ja, sich noch nicht einmal entschlossen zu lehren –, und auch kein Gefäß griffbereit, um ihre Geschenke, die aus Gerste und Süßigkeiten bestanden, anzunehmen. Doch er fand etwas, das er verwenden konnte, und die beiden waren so von seiner reinen Präsenz beeindruckt, dass sie auf der Stelle die neue Lehre annahmen und zu seinen ersten Anhängern wurden. Dann setzen sie ihren Weg fort.

Die beiden allerersten Buddhisten waren also zwei ganz normale Menschen auf Geschäftsreise.[5] (Erinnern Sie sich daran, wenn Sie das nächste Mal die Zeit auf dem Flughafen totschlagen müssen oder im Holiday Inn gestrandet sind.) Viele Jahre später, als Buddha eine Liste seiner ersten Anhänger zusammenstellte, erinnerte er sich noch immer an ihre Namen und erwähnte sie unter den Laien, die er unterrichtete, als Allererste.[6] Machen Sie sich das einmal bewusst: Bevor es Mönche oder Nonnen gab, die sich die Köpfe rasierten und safranfarbene Roben trugen, waren da diese beiden Kerle – Otto Normalverbraucher, die ihren alltäglichen Verrichtungen nachgingen, versuchten, sich anständig ihren Lebensunterhalt zu verdienen, und dennoch auf einen flüchtigen Blick auf etwas mehr aus waren. 2500 Jahre später ist die Welt noch immer voller Tapussas und Bhallikas – spirituell Suchende mit einem Vollzeitjob. Ich wette, Sie sind einer von ihnen.

Viele fragen sich, warum das Arbeiten überhaupt notwendig ist. Wäre es nicht viel einfacher, uns selbst zu finden und die Erleuchtung zu erlangen, wenn wir keine Arbeit hätten? Ein bedingungsloses Grundeinkommen wäre da sicher nicht zu verachten.

Das Problem ist nicht neu, so viel ist klar. Wir arbeiten schon lange Zeit. Ich meine damit nicht nur Sie und mich – ich meine uns alle, die Menschheit. Seit wir Menschen in jeglicher Art von sozialem Gefüge zusammenleben, müssen wir arbeiten.

Buddha hat das erkannt und akzeptiert. Tatsächlich tendierte er eher zur gegensätzlichen Frage: Warum mit Arbeiten *aufhören*? In einer berühmten Unterweisung fragte ihn ein örtlicher König genau das. Diener und Belegschaft des Königs – vom Elefantenreiter über Weber, Soldaten und Bade-Begleiter – produzierten nützliche Dinge. »Durch ihre Arbeit«, so der König »verschaffen sie sich selbst, ihren Müttern und Vätern, ihren Frauen und Kindern und ihren Freunden und Bekannten, Freude und Glück.«[7] Was war, damit verglichen, die stundenlange Rumsitzerei des Buddhas?

Buddha erklärte dem König die Früchte von Meditation und spirituellem Leben und auch in diesem Buch werden wir später noch darauf zurückkommen. Nur so viel im Moment: Buddha musste nicht etwa die Früchte des *Arbeits*lebens erklären. Sie schienen jedem ersichtlich. Er musste das *Nicht*-Arbeiten rechtfertigen.

Sowohl der König als auch Buddha hatten verstanden, dass es viele gute Gründe gibt, zu arbeiten. Für manche von uns ist der Beruf wie eine Berufung. Vielleicht wollten Sie ja schon immer Arzt, Anwalt, Feuerwehrmann, Krankenschwester oder Lehrer werden. Oder aber Sie haben später in Ihrem Leben eine ähnliche Leidenschaft entdeckt. Vielleicht haben Sie eine Möglichkeit gefunden, Ihre Liebe zur Kunst, zum Sport oder zur Musik in einem Beruf auszuleben, der Ihnen ein Gehalt einbringt, sodass Sie hauptsächlich arbeiten, weil Sie so sehr lieben, was Sie tun.

Für andere ist die Arbeit ihre Mission. Sie erkennen ein Problem in der Welt und fühlen sich moralisch dazu verpflichtet, es zu lösen. Die tägliche Arbeit ist vielleicht nicht so spannend, aber Sie glauben an das, was Sie tun, und wissen, dass Sie etwas bewirken. Das ist ausreichend.

Wieder andere arbeiten nur für ihren Lebensunterhalt. Ob Sie eine Familie ernähren müssen oder nur sich selbst, daran ist nichts verkehrt. Außer den wenigen reich Geborenen (wie Buddha) oder denen, die sich dafür entschieden haben, von der Großzügigkeit anderer zu leben (ebenso wie Buddha!), müssen wir alle einen Weg finden, unsere Rechnungen zu bezahlen. Und das ist prima! Denn es fühlt sich gut an, finanziell verantwortlich und unabhängig zu sein.

Für die meisten ist die Arbeit vermutlich eine Mischung aus allem. Nicht selten ändert sich das auch mit der Zeit. Als ich das College abgeschlossen hatte, hatte ich eigentlich vor, ein traditioneller buddhistischer Mönch zu werden und mein Leben in einem abgelegenen asiatischen Tempel zu verbringen. Ich lebte dann tatsächlich für ein paar Monate in einem Tempel in Thailand, später einen weiteren Monat in einem in San Francisco. Doch dann verliebte ich mich, heiratete und brauchte zu guter Letzt einen Job. Als ich zu arbeiten begann, ging es mir darum, meinen Lebensunterhalt und den meiner neuen Familie zu verdienen. Ich zählte die Tage, bis ich glaubte, es mir leisten zu können, den Job aufzugeben und etwas Befriedigenderes zu finden. Ich zählte im wahrsten Sinne des Wortes, mit Tabellen, Kalendern und komplizierten Formularen. Aber im Laufe der Zeit merkte ich, dass ich meine Arbeit mochte, und eines Tages, nachdem ich bereits zehn Jahre in meinem Job im technologischen Bereich gearbeitet hatte, entschied ich, nichts anderes zu wollen. Ich hörte damit auf, die Tage zu zählen, und fokussierte mich nun darauf, wie ich meinen Job besser machen konnte. Heute, viel später, geht es mir mehr darum, was mein Job für die Welt bewirkt, und darum, anderen dabei zu helfen, Zufriedenheit und Erfüllung in ihrer eigenen Arbeit zu finden.

Der Unternehmer und Autor Mike Steib gliedert diese Entwicklung in die drei Stadien des »Lernens, Verdienens und Zurückgebens«.[8] Im ersten Karrierestadium sind wir vor allem damit beschäftigt, unsere Fähigkeiten auszubauen und unsere Kenntnisse zu erweitern. Im zweiten Stadium fixieren wir uns mehr darauf, aus diesen anfänglichen Investitionen materiellen Profit zu ziehen, und im dritten Stadium können wir mehr von unserer Energie darauf verwenden, anderen etwas zurückzugeben – darunter auch denen, die sich gerade im ersten Stadium befinden.

Ihr Berufsleben muss dem Muster von Steib – oder meinem – nicht folgen. Ihre Motivation kann eine völlig andere sein oder in die gegensätzliche Richtung laufen. Angenommen, Sie fingen erst einmal im Friedenscorps an (das wäre sowohl »Lernen« als auch »Zurückgeben«) und setzten dann viel später Ihr erworbenes Wissen für etwas Lukrativeres ein (letztlich also auch ein bisschen »Verdienen«). Oder Sie wären gezwungen, schon früh viel zu verdienen, und hätten dann erst später den Luxus, wieder zur Schule gehen und lernen zu können. Jeder Berufsweg ist anders. Es gibt keine schlechten Gründe für das Arbeiten. Dennoch werden viele das Gefühl nicht los, es sei besser, nicht zu arbeiten.

Buddha bestätigte, dass es schwierig sein könne, die Erleuchtung in der Arbeitswelt zu finden; dass die Arbeit für viele eine Einengung bedeute, wir uns durch die weltlichen Verpflichtungen erdrückt fühlen könnten.[9] Allerdings stellte er dies nicht einem Leben in Abgeschiedenheit gegenüber. Vielmehr stellte er Arbeit und Familienleben dem Beschreiten eines anderen Weges gegenüber, bei dem man alle Leidenschaften und Bindungen aufgibt. Er ging davon aus, dass es für einen wandernden Mönch etwas einfacher sein dürfte, die Erleuchtung zu erlangen, war sich aber auch bewusst, dass es nicht jedem möglich ist, den Weg auf diese Weise zu beschreiten.

Andererseits hielt es Buddha auch für eine ganz schlechte Idee, den Job zu schmeißen, um seiner eigenen Glückseligkeit zu folgen. Natürlich fühlt es sich zunächst gut an, dem nachzujagen, was er »sinnliche Wünsche« nannte, doch auf Dauer ist es eher so, wie »von einem Pfeil durchbohrt« zu sein. Letzten Endes bedeutet ein solches Leben noch mehr Leid, so wie das Wasser ein leckes Boot flutet.[10] Vielen Menschen fällt schwer, das zu glauben. Wenn wir gern Golf spielen, stricken, Yoga praktizieren oder lesen – wären wir nicht glücklicher damit, dies die ganze Zeit zu tun, statt uns ins Büro zu schleppen?

Womöglich nicht. Wenn Sie jemals zu viel Eis oder zu viele Donuts gegessen haben (ja, das ist möglich!), dann wissen Sie, dass man auch des Guten zu viel bekommen kann. Das Problem mit der ständigen Rumhängerei ist, dass sie uns faul und unruhig zugleich macht, und das stellt ein großes Hindernis bei der Suche nach der wahren Erfüllung dar.[11] (Im Kapitel »Mit Ablenkungen zurechtkommen« (S. 127) gehe ich darauf noch näher ein.) Zu wenig zu arbeiten ist kein bisschen besser, als zu viel zu arbeiten – und womöglich sogar falsch. Vergnügungen ohne Ende bedeuten nur mehr Ablenkung, das genaue Gegenteil dessen, was wir brauchen, um zu erwachen. Buddha nannte eine »ehrliche Tätigkeit« den »höchsten Segen«,[12] und zwar nicht, weil er sich für uns einen Rund-um-die Uhr-Job wünschte, sondern weil er die Arbeit als einen Teil eines erfüllten Lebens verstand.

Doch unser Leben kann nicht nur aus Arbeit bestehen. An derselben Stelle beschreibt Buddha ebenso das Lernen, das Ausüben eines Handwerks, das Zusammensein mit guten Menschen und das Führen des Familienlebens als den höchsten Segen. Ja, das ist in der Tat eine Menge an Höchstem! Aber es ging ihm darum, dass es im Leben viele wichtige Segen gibt, und die wahre Kunst ist es, diese zusammenzubringen.

Unser Leben ist dann am besten, wenn es ausgewogen ist. Das ist die Kernaussage von Buddhas mittlerem Weg. Egal, ob wir zu Hause, in einem Büro, einer Fabrik oder einem Geschäft arbeiten – die Arbeit kann zu dieser Ausgewogenheit beitragen. Es gibt ebenso viele Gründe zu arbeiten, wie es Arbeitende gibt. Was auch immer unsere Gründe dafür sind, wir müssen der Arbeit den angemessenen Platz zuweisen.

Kapitel 2: Der Preis des Leidens

Wenn am Arbeiten also nichts Schlechtes ist, warum ist es dann bloß so *hart*?

Buddha setzt sich in seiner allerersten öffentlichen Unterweisung für die »Vier edlen Wahrheiten« ein. Wir werden uns schon bald mit allen vieren befassen, aber lassen Sie uns erst einmal nur die erste genauer ansehen, die meist übersetzt wird mit »Leben ist Leiden«.

Das klingt natürlich ziemlich deprimierend, aber Buddha wollte es nicht auf diese Weise verstanden wissen. Ihm ging es um den Versuch, ein Gefühl auf den Prüfstand zu stellen, das viele von Zeit zu Zeit überfällt. Das Leben ist zwar schwer und Schmerz und Verlust sind unvermeidlich, aber es besteht nicht *nur* aus Leiden. Es gibt ebenso freudvolle und glückliche Zeiten. Die meisten Menschen sind eben nicht permanenten Qualen ausgesetzt, doch wir alle stehen von Zeit zu Zeit Schwierigkeiten gegenüber. Und mit diesem Wissen färbt der bevorstehende Verlust selbst auf das wunderbarste, erfüllendste Erlebnis ab, das irgendwann ein Ende haben muss.

Einige Gelehrte sind nicht ganz davon überzeugt, dass *Leiden* wirklich das war, was Buddha aussagen wollte. Natürlich sprach er kein Deutsch. Wir wissen nicht mit Sicherheit, welche Sprache er eigentlich sprach. Seine Lehren erreichen uns in verschiedenen alten indischen Sprachen, darunter einer, die sich Pali nennt, und das in dieser Sprache verwendete Wort lautet *dukkha*. Eine mögliche Übersetzung dafür ist »Leiden« oder auch »Schmerz«, deshalb ist eine der üblichsten Übersetzungen von Buddhas ersten Wahrheiten in Deutsch das schon erwähnte »Leben ist Leiden«. Andere verwenden aber stattdessen den Begriff *Stress*.[13] Die erste Wahrheit Buddhas könnte also auch lauten: »Das Leben ist echt stressig.«

Für die meisten klingt diese Version nur zu wahr – besonders, wenn es um unsere Arbeit geht.

Studie um Studie weist nach, dass unser Arbeitsleben enorm viel Stress bedeutet. Dem Bericht des National Institute for Occupational Safety and Health (Nationales Institut für Arbeitssicherheit und -gesundheit) zufolge bewerten 40 Prozent der arbeitenden Bevölkerung der USA ihren Job als »sehr oder extrem stressig«.[14] Die Washington Business Group on Health (Washingtoner Unternehmensgruppe für Gesundheit) schätzt, dass »46 Prozent aller Arbeitnehmer stark gestresst sind, bis hin zum Burnout«.[15] Blicken wir einmal weiter zurück, ins Jahr 1996, in dem Untersuchungen zufolge 75 Prozent der amerikanischen Beschäftigten lediglich einmal die Woche über Stress im Job klagten.[16] Seitdem hat sich einiges verschlechtert.

Natürlich betrifft das nicht nur die Amerikaner. Laut einer neueren europäischen Studie leiden 27,5 Prozent der Beschäftigten unter zunehmender Erschöpfung als Folge von Stress am Arbeitsplatz.[17] Eine Studie mit berufstätigen Frauen in Schweden zeigt, dass 38 Prozent ihren Job als stressig bewerteten.[18] Schweden! Wenn noch nicht einmal die Schweden entspannen können, dann müssen wir hier in den USA in ernsthaften Schwierigkeiten stecken.

All dieser Stress hat einen sehr realen Preis. Frühe Schätzungen der absoluten sozialen Kosten für den Stress am Arbeitsplatz aus den 1990er-Jahren gehen von nicht weniger als zehn Prozent des Bruttosozialprodukts aus.[19] Das entspräche heute in den USA einem Betrag von einer Billion Dollar! Die direkten Kosten durch Einkommensverluste wegen Stress am Arbeitsplatz werden auf 150 Milliarden Dollar geschätzt.[20] Die International Labour Organisation (Internationale Arbeits-Organisation) schätzt die Kosten durch Stress am Arbeitsplatz auf ein bis dreieinhalb Prozent des weltweiten Bruttosozialprodukts.[21]

Doch es geht nicht nur um die finanziellen Kosten. In seinem Buch *Dying for a Paycheck* (Sterben für einen Gehaltsscheck) behauptet der Stanford-Professor Jeffrey Pfeffer, Stress am Arbeitsplatz führe zu mehr Gesundheitsproblemen und vermeidbaren Sterbefällen als das Passivrauchen. Das Stresslevel in den Büros sei teilweise so hoch, dass »Schreibtischjobs oft so stressig und ungesund sind wie körperliche

Arbeit und manchmal sogar mehr«.[22] Das American Institute of Stress (Amerikanisches Stress-Institut) schätzt, dass »heute 75 bis 90 Prozent aller Arztbesuche stressbedingt sind«.[23]

So muss es aber nicht sein. Die Arbeit muss nicht dazu führen, dass es uns schlecht geht. Und wenn wir eine Möglichkeit finden, uns bei der Arbeit wohlzufühlen, profitieren alle davon.

Seit mindestens zwei Jahrzehnten wissen wir, dass Zufriedenheit unsere Arbeitsproduktivität erhöht.[24] In einer Studie schnitten Freiwillige, die durch das Ansehen eines witzigen Videos in eine positivere Stimmung versetzt wurden, bei einer mathematischen Aufgabe, die die Anforderung am Arbeitsplatz simulieren sollte, besser ab.[25] Dieselben Forscher fanden auch heraus, dass ein »schlimmes Erlebnis« (wie ein Todesfall in der Familie oder eine schwere Erkrankung) die Leistung um etwa zehn Prozent verminderte – selbst wenn das Erlebnis bereits zwei Jahre zurücklag. Es ist einfach schwer, gute Arbeit zu leisten, wenn man traurig ist, und leichter, wenn man guter Stimmung ist.

Ein Überblick über viele neuere Studien lässt schlussfolgern, dass Zufriedenheit die Kreativität fördert und »positive Gewohnheiten und Erfahrungen mit günstigen Folgen sowohl für Angestellte als auch deren Firmen verbunden sind.«[26] Eine groß angelegte Langzeitstudie aus Kanada weist ähnliche Ergebnisse auf.[27] Die kanadischen Forscher fassen das Ergebnis in einfachen Worten zusammen: »Zufriedene Menschen sind produktiver«, und: »Menschen sind produktiver, wenn sie zufriedener sind.«

Wir gehen gerne davon aus, dass uns eine erfolgreiche Karriere zum Glück verhilft, und tolerieren mit diesem Gedanken im Hinterkopf dafür schlechte Tage, schlechte Chefs und wirklich schlechte Jobs. Doch das sollten wir überdenken. Was ist denn, wenn uns die Unzufriedenheit im Job weniger produktiv und letztlich weniger erfolgreich macht?

Aus einer detaillierten Analyse der vorliegenden wissenschaftlichen Literatur schließen drei kalifornische Wissenschaftler genau das:

»Zufriedene Menschen bekommen höhere Gehälter, zeigen eine bessere Leistung und erhalten eine positivere Rückmeldung von Vorgesetzten als ihre weniger zufriedenen Kollegen.«[28] Dieses Fazit zogen sie nach der Auswertung von »Querschnitts-, Längsschnitts- und Experimentalstudien« aus Jahrzehnten – und beleuchteten den Sachverhalt damit auf jede nur denkbare Weise.

Die Quintessenz war eindeutig: »Zufriedenheit geht dem Erfolg voraus und führt zu ihm hin.« Nicht andersherum.

Zusammengefasst: Viele leiden in ihrem Job und dieses Leiden verursacht reelle Kosten – für unsere Gesundheit wie auch für unsere Beschäftigten. Gleichzeitig sind zufriedene Beschäftigte nicht nur zufriedener, sondern auch produktiver und für ihre Arbeitgeber wertvoller. Die Zufriedenheit ist nicht nur die Belohnung an sich, sondern sie kann auch zu mehr Erfolg im Beruf führen.

Wie aber werden wir zufriedener? Gibt es einen magischen Schlüssel für das Tor zur Zufriedenheit und all dem anderen Nutzen? Um das zu herausfinden, hat sich Buddha auf die Reise begeben.

Kapitel 3: Der Buddhismus war ein Start-up

Wir haben nun ein wenig über Buddhas Leben geplaudert, aber eine ziemlich wichtige Frage bisher nicht angesprochen: Warum gründete Buddha den Buddhismus? Und warum hat sich dieses spezielle spirituelle Start-up so lange gehalten?

Die Frage, wann Buddha genau gelebt hat, erweist sich als etwas kontrovers. Jahrhundertelang versuchte niemand, das Datum genau zu fixieren, und in Buddhas Lebensgeschichte werden keine speziellen Ereignisse genannt, anhand deren eine zeitliche Einordnung möglich wäre. Buddhistische Gelehrte verschiedener Länder schlagen auf der Grundlage vorliegender Informationen Daten vor, die um mehr als 100 Jahre auseinanderliegen.[29] Ich finde es ehrlich gesagt ein bisschen schwierig, deren Argumentationen zu folgen. Dabei spielt eine Rolle, wie viele Jahre genau zwischen Buddhas Tod und der Regentschaft eines bestimmten indischen Königs vergingen, der auf ein paar alte Griechen traf, die sich mit Kalendern besser auskannten. Doch wenn man behauptet, Buddha habe um 500 v. Chr. gelebt, wird einen niemand der Lüge bezichtigen und man ist vermutlich nahe am richtigen Datum dran.

Das ist nun schon lang her. In den letzten zweieinhalb Jahrtausenden hat sich viel getan, und die buddhistische Gemeinschaft – genannte Sangha – ist zur ältesten überlebenden Institution der Welt geworden.[30] Keine Firma, keine Universität, keine Regierung und kein stehendes Heer hat dermaßen lange überlebt. Buddhas Sangha hat sie alle überdauert.

Natürlich war, bevor es diese den Buddhismus praktizierende Sangha gab, einfach nur Buddha da. Unabhängig davon, wann genau, ist man sich einig, dass Buddha als Prinz im heutigen Nepal geboren wurde und in der Nähe, vermutlich im heutigen Nordostindien, aufwuchs. Er führte ein sehr behütetes Leben in einem herrlichen Palast, von jedem nur erdenklichen Luxus dieser Zeit umgeben. Seine Mutter starb bei der Geburt, doch ihre Schwester sprang für sie ein und zog ihn als des Königs zweite Frau wie ihr eigenes Kind auf. Er erlebte eine glückliche Kindheit, heiratete früh, hatte selbst ein Kind – und lebte die ganze Zeit über abgeschieden auf diesem weiträumigen Fleckchen Erde, bedeckt von herrlichen Lotusblüten. Er besaß drei Paläste, für jede der indischen Jahreszeiten einen. Während der viermonatigen Regenzeit, wenn es zu nass für den Aufenthalt im Freien war, verkroch er sich dort mit ausschließlich weiblichen Dienern und Gefährten.[31] (Denken Sie sich, was Sie wollen – uns wird erzählt, es seien »Musikerinnen« gewesen.)

Doch dann, es war um seinen 29. Geburtstag herum, lief er weg und wurde zum wandernden Asketen. Es heißt, er habe einen treuen Diener überreden können, ihn mit der Kutsche aus dem Palast zu schmuggeln und in die umgebenden Orte zu fahren. Dort wurde er zum ersten Mal Zeuge der verheerenden Folgen von Armut, Alter und Tod.[32] Diese Erfahrungen öffneten ihm die Augen, und er erkannte, dass das Leben nicht nur aus Spaß, Spielen und herrlichen Palästen besteht, und beschloss, fortan ein einfaches, spirituelles Leben zu führen. Sechs Jahre verbrachte er damit, das ländliche Indien zu durchqueren und sich in allen möglichen Formen der Enthaltsamkeit unter der Anleitung verschiedener bedeutender Lehrer zu üben. Er probierte alles aus, vom Fasten bis zur Selbstgeißelung. Alles, was dem totalen Gegenteil seines alten Lebens in Luxus entsprach, bevor er einerseits dieses Lebens überdrüssig wurde und andererseits davon überzeugt war, dass es ihm keine Antworten auf die großen Fragen des Lebens zu bieten hatte.

Zu guter Letzt entschied er sich, nur für sich allein dazusitzen und die ganze Nacht zu meditieren, und dabei hatte er seine große Offenbarung, die Erleuchtung. So erhielt er den Titel »Buddha«, was »der Erleuchtete« bedeutet.

Im kommenden Kapitel »Buddhas großer Wurf« (S. 34) werden wir mehr darüber erfahren, was er in dieser Nacht entdeckte. An dieser Stelle soll es zunächst darum gehen, dass Buddhas erste Neigung darin bestand, an diesem Punkt innezuhalten. Und das tat er. Nach all den Jahren der Anstrengung hatte er sein großes Ziel erreicht. Nun war er erleuchtet. Er konnte endlich seine endlos scheinende Suche beenden. Er dachte zwar daran, zu lehren, entschied dann aber für sich, dass er als Buddha zwar gut sei, als Lehrer aber nicht. In gewisser Hinsicht waren seine Gründe dafür, nicht zu lehren, dieselben, die viele von uns davon abhalten, etwas Neues auszuprobieren: Er hatte Angst zu versagen.

Buddha selbst erklärte es später so, dass dieser neu entdeckte Weg »schwer zu sehen und schwer zu verstehen« sei und »wenn ich lehren sollte … verstehen mich andere nicht und das wäre für mich ermüdend und beschwerlich.«[33] Mit anderen Worten: Wäre das Lernen des Dharma, der neu erworbenen Wahrheit, schwierig, funktionierte vielleicht gar nicht, wäre das für einen erleuchteten Buddha ein riesiger Reinfall. »Wenn ich das in Betracht ziehe«, so sein Beschluss »so tendiert mein Geist eher dazu, nichts zu tun, als zu lehren.«

Ich denke, wir alle können das nachvollziehen. Niemand möchte gerne versagen. Und etwas Neues auszuprobieren, birgt immer ein Risiko.

Die Legende will, dass es göttlichen Zutuns bedurfte, um seine Meinung zu ändern. Der Gott Brahma stieg auf die Erde herab und bat Buddha, sein Wissen zu teilen. Brahma stimmte zwar zu, dass vielleicht nicht jeder die Lehren verstehen würde, aber einige eben doch. Und diese kostbaren Erfolge würden alle Misserfolge wettmachen. Nach einigem Bitten und Flehen war Buddha dann überzeugt.

Nachdem Buddha einmal mit dem Lehren begonnen hatte, konnte er kaum wieder damit aufhören. Letztlich lehrte er 45 Jahre lang, bis zu seinem Tod (seine letzte Unterweisung wurde von seinem Sterbebett aus übermittelt). Doch er brauchte einen kleinen Anstoß, um seine Selbstzweifel zu überwinden, wie so viele von uns.

Wie kommt es also, dass Buddhas Lehren so lange überlebt haben, wo doch Buddha selbst nicht sicher war, ob ihn überhaupt irgendjemand verstehen würde?

Ich denke, es gibt ein paar Gründe. Zuallererst war Buddha pragmatisch. Er sprach von der Welt, wie sie uns umgibt, wie sie jeder von uns kennt. Er versuchte, den Menschen bei der Lösung von alltäglichen Problemen zu helfen, die jeder nachvollziehen kann. Er gab sehr praktische Ratschläge für ein zufriedeneres und erweckteres Leben – viele davon werden wir hier noch ausprobieren.

Über abstraktere Fragen ging Buddha oft einfach hinweg. So weigerte er sich beispielsweise zu sagen, ob er an ein Leben nach dem Tod glaube.[34] Das ist nicht wichtig, war sein Argument. Er verglich das mit einem Mann, der durch einen Pfeil niedergesteckt wurde und den Chirurgen so lange nicht eingreifen lässt, bis er den Namen und den Clan desjenigen kennt, der ihn getroffen hat, bis er weiß, ob der Angreifer klein oder groß war, woher er kam, welche Bogenform er verwendete usw. Das mögen vielleicht alles interessante Fragen sein, aber das Wichtigste ist doch, den Pfeil zu entfernen. Übertragen bedeutet das: Für uns alle, die wir in dieser Welt leiden, ist die Frage nach der nächsten Welt doch nichts anderes als überflüssige Neugierde.

Zweitens war Buddha flexibel. Er probierte alle Arten von Herangehensweisen aus, bevor er sich auf das festlegte, was zu seinem Weg wurde. Und er studierte mit den zeitgenössischen Meistern, die sich um ihn herum befanden, und lernte von ihnen, soviel er konnte, bevor er sich auf seinen eigenen Weg aufmachte.

Er lehnte die Starre des indischen Kastenwesens ab und behauptete, gute und schlechte Eigenschaften seien »willkürlich innerhalb der vier Kasten verstreut«.[35] Jeder sei in der Lage, die Erleuchtung zu erlangen. Er hieß, »Ausgestoßene« und »Unberührbare« in der Gemeinschaft seiner Anhänger willkommen, mit der Begründung, dass »niemand aufgrund seiner Geburt ein Ausgestoßener« sein könne, sondern allein durch unmoralische Taten.[36] Sein Weg stand jedem an jedem Ort offen.

Und obwohl Buddha eine Menge Regeln aufstellte (das gehörte zu seinem pragmatischen Wesen), regte er in seiner letzten Unterweisung an, dass zukünftige Schüler die »unbedeutenderen« dieser Regeln streichen könnten, und überließ dabei ihnen, welche sie als unbedeutend einschätzen wollten.[37] Er war willens, seine Lehren an Zeit und Ort anzupassen und zuzugeben, wenn er falschlag. (Anfangs lehnte er es beispielsweise ab, Frauen zu unterrichten, doch vermutlich konnte ihn seine Ziehmutter davon überzeugen, es doch zu tun.) Er war neuen Erfahrungen gegenüber offen und meditierte sein Leben lang; er praktizierte was er predigte.

Drittens: Buddha war positiv. Wie jeder erfolgreiche Existenzgründer glaubte er an sich selbst. Er glaubte daran, einen Weg jenseits des Leids finden zu können. Und abgesehen von seinem anfänglichen Zögern zu lehren, gab es nicht mehr viele Ausflüchte oder Unentschlossenheiten seinerseits. Buddha glaubte ebenfalls an uns. »Seid euch selbst eine Insel, mit euch selbst als eurem eigenen Zufluchtsort«, riet er seinen Anhängern kurz vor seinem Tod.[38] Glaubt an euch. Das ist eine Botschaft, die viele von uns gerne hören möchten.

Doch pragmatisch, flexibel und positiv zu sein war und ist noch nicht die Garantie für Erfolg. Diese Fähigkeiten besitzen viele Menschen, bestimmt auch vor 2500 Jahren schon. Doch die meisten von ihnen haben niemals etwas so Erfolgreiches wie den Buddhismus ins Leben gerufen.

Bei jedem Start-up hängt der letztendliche Erfolg mit der Qualität des Produkts zusammen, so auch beim Buddhismus. Eine große Gründerfigur ist nur ein Teil des Erfolgs. Sogar mehr als alles andere ist der erfolgreiche Start des Buddhismus vom Produkt abhängig. Buddha erkannte das Problem – das Leiden – und fand eine Lösung dafür. Und diese Lösung funktionierte.

Von diesem Punkt an lief es wie am Schnürchen – mit einem Produkt, das sich wunderbarerweise nahezu von selbst verkauft.

Kapitel 4: Buddhas großer Wurf

Nach seiner großen Erleuchtung lehrte Buddha 45 lange Jahre. Er deckte mit seinen Lehren alle Bereiche des Lebens ab, von Arbeit über Schlaf und Essen bis zu geistiger Konzentration. Offensichtlich hatte er zu jedem nur vorstellbaren Thema etwas zu sagen. Doch nichts davon wäre von Bedeutung gewesen, hätte er nicht das eine herausgefunden, das jedes menschliche Individuum direkt ins Herz trifft: *Die Erleuchtung ist möglich.*

Buddhas Ansicht nach laufen die meisten von uns wie im Halbschlaf herum. Was wir tun, tun wir halbherzig, wir vergnügen uns ab und zu, sind aber nicht voll und ganz dabei. Wir sind nicht vollkommen aufmerksam. Und das ist eine Tragödie! Wir lassen das Leben nur halb gelebt vorüberziehen.

Für die meisten macht sich das nirgendwo so bemerkbar wie bei der Arbeit. Wir geben uns am Schreibtisch Tagträumereien hin. Wir zählen in Meetings die Minuten (und Stunden!). Wir machen nicht enden wollende Pläne für das, was wir als Nächstes tun wollen, statt uns darauf zu konzentrieren, was wir in diesem Moment tun.

Buddhas große Erkenntnis war, dass es genau so nicht sein muss. Es ist möglich, aufzuwachen und genau jetzt ein erfülltes Leben zu leben, auch im Job.

Der Name *Buddha* bedeutet der »Erwachte«, also ist die Grundlage dessen, was wir heute Buddhismus nennen, letztlich *jemand*, der einst die Erleuchtung erfahren hat. Das, was Buddhisten als die »drei Geheimnisse« des Buddhismus bezeichnen, sind der Buddha (der ursprüngliche Erwachte), das Dharma (seine Lehren) und die Sangha (die Gemeinde seiner Anhänger). Ohne die erste Erfahrung des Erwachens wäre überhaupt nichts davon entstanden.

Bevor ich jetzt vertiefe, was Buddha gemeint hat, möchte ich erst einmal mehr darüber berichten, warum wir überhaupt irgendetwas über das wissen, was ein ehemaliger Prinz vor 2500 Jahren tat oder sagte.

Wenn ich Buddha in diesem Buch zitiere, dann zitiere ich aus den niedergeschriebenen Berichten über seine Lehren. Die Unterweisungen Buddhas wurden natürlich nicht aufgenommen, und er selbst hielt niemals etwas schriftlich fest. Es ist noch nicht einmal sicher, ob er überhaupt lesen und schreiben konnte.[39] Das Schreiben wurde zu dieser Zeit als ein spezieller Beruf verstanden und nicht als notwendiger Teil der Allgemeinbildung, selbst für einen Adeligen wie ihn nicht. Es gibt keine Berichte in den buddhistischen Schriften, die ihn lesend oder schreibend darstellen.

Es heißt, dass 500 vollständig erleuchtete Anhänger Buddhas einige Monate nach Buddhas Tod einer Einladung eines Königs folgten, die Lehren zu diskutieren und innerhalb der Sangha einen Konsens zu erlangen. Sie wechselten sich damit ab, seine Unterweisungen wiederzugeben und in Erinnerung zu rufen. Als sich der Buddhismus zu verbreiten begann, wurden sie über Generationen mündlich überliefert. In dieser Form des Auswendiglernens sind Menschen erstaunlich geschickt. (Ich kann noch immer die Präambel der Verfassung der Vereinigten Staaten von Amerika herunterbeten, die ich in der Grundschule gelernt habe und in 30 Jahren vielleicht gerade einmal ein dutzend Mal aufsagen musste.) Die Mönche und Nonnen waren speziell ausgebildet und hatten die Texte womöglich oft zu zitieren, um sie im Gedächtnis zu behalten. Von diesen »Buddhistischen Konzilen« gab es zwei weitere, die etwa 100 und 200 Jahre nach Buddhas Ableben abgehalten wurden. Wieder war das Ziel, die Übereinstimmung der Lehren zu überprüfen und mögliche Widersprüche aufzulösen.[40] Doch natürlich können wir nicht sicher sein, dass sich keine Fehler einschlichen und alles wirklich »originalgetreu« festgehalten wurde.

Bevor irgendetwas schriftlich festgehalten werden konnte, hatten sich die Lehren bereits zu weit verbreitet, als dass man alle Anhänger zu einem Treffen hätte zusammenrufen können. Ein viertes Konzil wurde etwa 100 v. Chr. im heutigen Sri Lanka abgehalten, wo die Worte Buddhas in Pali, eine alte indische Sprache übersetzt und auf Palmblättern niedergeschrieben wurden. Buddha sprach zwar kein Pali, aber was immer er auch sprach, es war mit dieser Sprache vermutlich nahe verwandt. So war aber schon diese erste Version des buddhistischen Kanons eine Übersetzung. Und uns liegen auch keine dieser Originalhandschriften vor, denn wie Sie sich denken können, sind Palmblätter ziemlich brüchig. Deshalb haben wir die Kopie der Kopie der Kopie usw. Die ältesten noch existierenden Kopien sind mindestens tausend Jahre später entstanden.[41]

Auch in anderen Winkeln Asiens wurden die Lehren etwa zur selben Zeit schriftlich festgehalten, meist in anderen alten indischen Sprachen. Diese Versionen gelangten vermutlich nach China und Tibet, wo sie wiederum in diese Sprachen übertragen wurden. Durch in Indien entdeckte Manuskriptfragmente und auch durch in Stein gehauene Schriften wissen wir, dass viele der frühen Übersetzungen gänzlich verloren gingen.* [42] In anderen Fällen können wir zwei oder drei Versionen derselben Vorträge in verschiedenen Sprachen miteinander vergleichen und damit darauf schließen, was das Original ausgesagt haben könnte.

Langer Rede kurzer Sinn: Alles, was ich hier zitiere, ist im besten Falle eine entfernte Kopie einer Übersetzung einer Übersetzung einer lang zurückliegenden Erinnerung, die erstmals viele Jahrhunderte nach Buddhas Tod niedergeschrieben wurde. Mehr haben wir nicht.

Glauben wir diesen Niederschriften, dann zog Buddha nicht los, um »erweckt« zu werden. Zuvor war er ein verwirrter Prinz gewesen, der nichts anderes wollte, als das Leiden zu verstehen. Insbesondere hörte Buddha, nachdem er bei seinen geheimen Ausflügen außerhalb des Palastes seine erste Begegnung mit Krankheit, Alter und Tod hatte, nicht auf, sich zu fragen, wie man angesichts von unvermeidbarem Schmerz und Verlust überhaupt weiterleben konnte. Wie können wir in einer Welt voller Leiden gesund bleiben?

Erinnern Sie sich, seine Eltern hatten eine einfache Antwort für ihn, die wir alle von Zeit zu Zeit anwenden: das Leugnen. Für sie war der einfachste Weg, das Leiden zu überwinden, der, dass man es um jeden

---

* Zumindest bis heute. Die ältesten jemals entdeckten buddhistischen Niederschriften wurden gerade einmal vor 25 Jahren in Pakistan gefunden. Sie waren auf Birkenrinde geschrieben und in Tongefäßen aufbewahrt. Wer weiß schon, was wir als Nächstes entdecken werden? Werfen Sie also auf keinen Fall alte Gefäße weg!

Preis vermied. Deshalb verhätschelten und beschützten sie ihn so sehr. Sie dachten, dass er niemals zu leiden hätte, wenn sie sein Leben mit Luxus und Freuden füllten.

Natürlich haute das nicht hin, wie es auch für Sie nicht funktionieren würde. Das Vermeiden von Problemen lässt diese nicht verschwinden. Es ist nichts Falsches daran, sich hin und wieder mit etwas Besonderem zu verwöhnen, aber auch die Wirkung erfolgreicher Frustkäufe oder eines Spa-Besuchs sind vergänglich und keine langfristige Lösung.

Buddha ergründete, warum Leugnen und Vermeiden nicht ernsthaft funktionieren. Das Problem mit der Jagd nach dem Spaß ist: Er hält nicht an. Und sobald wir festgestellt haben, dass er nicht anhält, hört es auf, weiterhin so viel Spaß zu machen.

Andererseits funktioniert es genauso wenig, sich nur noch dem Leid hinzugeben. Buddha probierte auch das sechs Jahre lang nach dem Verlassen seines Zuhauses aus. Er trieb die Übungen so weit, dass er fast daran gestorben wäre. Doch alles, was er durch diese Selbstkasteiung erreichte, war, sich schlechter zu fühlen. Sich im Leiden zu suhlen, lindert das Leiden ebenfalls nicht.

Das war die große Wahrheit, zu der Buddha erwachte, die große Erkenntnis, die ihn zum Buddha machte: Der einzige Weg, das Leiden zu überwinden, besteht darin, den mittleren Weg zwischen diesen beiden Extremen zu finden. Statt vor dem Leiden zu fliehen oder das Leiden zu suchen, sollte man es in gewisser Weise akzeptieren. Und indem man akzeptiert, dass das Leben auch eine bestimmte Menge an Schmerz und Unannehmlichkeiten bereithält, nimmt man dem Schmerz die Macht. Das heißt, es geht um eine Ausgeglichenheit.

Wie aber besiegt diese Balance das Leid? In seinem ersten Vortrag beschrieb Buddha, nachdem er seinen mittleren Pfad verkündet hatte, seine vier edlen Wahrheiten. Auch hier wissen wir nicht ganz genau, wie er diese zu seiner Zeit beschrieben hat, doch die uns vorliegenden Übersetzungen sind in etwa folgende:

Leben ist Leiden.
Der Grund für das Leiden ist das Verlangen.
Der Weg, das Leiden zu beenden, ist der,
das Verlangen zu beenden.
Der Weg, das Verlangen zu beenden,
führt über den edlen achtfachen Weg.

Ich habe diesen achtfachen Weg schon erwähnt, im nächsten Kapitel »Aufmerksam sein« (S. 42) werden wir noch mehr darüber erfahren. Beschäftigen wir uns erst einmal mit den ersten drei Wahrheiten.

Eine Möglichkeit, die ersten drei Wahrheiten zu interpretieren, ist die, dass wir leiden, weil wir uns die Dinge anders wünschen. Der Grund für das Leid ist dann nicht Schmerz oder Unglück, sondern Unzufriedenheit. Es geht ums Haben-Wollen, um die Gier nach etwas. Wir leiden nicht etwa, weil schlimme Dinge geschehen, sondern weil wir nicht bekommen, was wir wollen.

Ich will damit nicht sagen, dass Schmerz gut oder angenehm ist. Das ist er nicht. Doch diese Unannehmlichkeit ist nicht die Ursache des Leidens. Ihr zu widerstehen ist der Grund des Leidens. Und während Buddha lernte, dass Schmerz niemals völlig vermieden werden kann, kann Leiden dennoch überwunden werden.

Manchmal wird diese Botschaft übersetzt mit *Leiden ist optional.*[43] Ich denke, das ist eine ziemlich gute Herangehensweise. Wenn uns etwas Schmerzhaftes widerfährt, fühlen wir nicht nur den unmittelbaren Schmerz – wir empfinden auch Gefühle diesem Schmerz gegenüber. Wir ärgern uns über den Schmerz, sind vielleicht frustriert oder gereizt, manchmal sogar rachsüchtig. Wir haben also zwei unangenehme Gefühle – ein körperliches und ein mentales. Buddha beschreibt dies, als sei man von gleich zwei Pfeilen niedergestreckt worden.* Den

---

* Ja, noch so eine Pfeil-Metapher. Wir dürfen wohl annehmen, dass das Niedergestrecktwerden mit Pfeil und Bogen zu Buddhas Zeiten sehr viel üblicher war.

ersten Pfeil können wir nicht verhindern – Schmerz schmerzt nun einmal, ob wir wollen oder nicht. Doch der zweite Pfeil ist unsere eigene Wahl. Wir können uns wegducken. Selbst wenn wir an dem Schmerz leiden, müssen wir nicht auch noch *über* den Schmerz leiden. Wenn wir ein ausgewogenes Leben führen, weder den Schmerz bekämpfen noch ihn suchen, können wir diesen zweiten Pfeil vermeiden.

All das trifft auch auf die Arbeit zu. Egal, wie sehr wir es versuchen, es wird Hindernisse bei der Arbeit geben. Wir könnten bei einem neuen Job oder einer Beförderung zu kurz kommen. Wir könnten es mit schwierigen Kollegen oder Chefs zu tun haben. Wir könnten mit einer unmöglichen Deadline oder einer furchtbaren Veränderung konfrontiert sein. Wir müssen nicht nach solchen Schwierigkeiten auf die Suche gehen, aber wir können sie genauso wenig völlig vermeiden.

Buddhas Rat lautet nicht, dass wir uns freuen sollen, wenn wir auf solche Probleme stoßen, sondern, dass wir akzeptieren sollen, dass solche Dinge passieren und wir trotzdem weitermachen können. Der Schlüssel zur Erleuchtung liegt nicht darin, solche Probleme zu vermieden oder zu ignorieren. In der Illusion oder in einem Traum zu leben ist nicht die Antwort.

Wenn das alles jetzt einfacher gesagt als getan klingt: Ja, das ist es. Doch Buddha fand auch eine entscheidende Technik dafür, die uns auf diesem Weg behilflich ist.

Teil 2: Übungen

Kapitel 5: Aufmerksam sein

Das allerwichtigste, was Sie bei der Arbeit beherzigen sollten, ist das, was Buddha ebenso für das ganze Leben fordert: aufmerksam zu sein. In anderen Worten: Achtsamkeit zu praktizieren.

Heutzutage ist das Thema Achtsamkeit fast allgegenwärtig. Achtsamkeit wird bereits in Schulen und Firmen gelehrt. Die National Library of Medicine (Medizinische Nationalbibliothek) führt über 3000 wissenschaftliche Publikationen mit »Achtsamkeit« im Titel. Obwohl die erste dieser Publikationen aus dem Jahr 1982 stammt (und es ist eine gute!),[44] sind 2963 von ihnen erst in den letzten zehn Jahren erschienen.

Für manche Menschen sind Achtsamkeit, Meditation und Buddhismus ein und dasselbe. Mir ist auch klar warum: Buddha erfuhr seine Erleuchtung nach einer Meditation, die die ganze Nacht dauerte, und Sie haben vielleicht den Eindruck, dass Achtsamkeit und Meditation irgendwie miteinander zu tun haben müssen. Es ist aber nicht dasselbe. Diesen Unterschied muss man verstehen, will man verstehen, warum Achtsamkeit für Arbeit und Leben wesentlich ist.

Achtsamkeit war von Anfang an Teil von Buddhas Lehren. Schon in seiner allerersten Unterweisung, die oft »Die Predigt von Benares« genannt wird, erwähnt er sie. Der Begriff »Achtsamkeit« wird allerdings nicht sofort thematisiert. Buddha beginnt damit, den »mittleren Weg« zu beschreiben, wie er den Weg nennt, bei dem beide Extreme gemieden werden und den er bis dahin verfolgte. Wie schon beschrieben, könnte man Buddhas Leben in seinen ersten 35 Jahren als so etwas wie ein Pendel beschreiben. Doch der Schlüssel zur Erleuchtung ist nicht der Versuch, das Leiden zu vermeiden, wie er es in seinen ersten 29 Lebensjahren als Prinz tat, noch ist es das Schwelgen im Leid, was er in den folgenden sechs Jahren als Asket praktizierte. Stattdessen geht es darum, irgendwo dazwischen zu navigieren. Man kann sich das so vorstellen, dass man das Leiden weder meidet noch sucht, es hingegen akzeptiert, es bearbeitet und sich dann davon löst.

Im weiteren Verlauf seiner Unterweisung geht Buddha etwas mehr ins Detail und erklärt die acht Elemente seines mittleren Wegs. Wir sollten rechte Anschauung, rechte Gesinnung, rechte Rede, rechtes Handeln, rechten Lebensunterhalt, rechtes Streben, rechte Achtsamkeit und rechtes Sichversenken pflegen. Weiter ins Detail, als diese acht Dinge aufzuzählen, geht er an dieser Stelle nicht und hier, ganz zu Anfang, wird nicht klar, dass er Achtsamkeit für wichtiger als die anderen Teile des Pfads erachtet.

Dann geht er mit uns Schritt für Schritt durch das, was wir heute die vier edlen Wahrheiten nennen: Dass Leiden zwar existiert und unvermeidbar ist, es aber auf unserem endlosen Bestreben beruht und es einen Weg gibt, dies zu akzeptieren und letztlich zu überwinden. Und dieser Weg ist der achtfache Pfad, den wir gerade aufgelistet haben.

Das ist alles. Damit endet die erste Lehrrede – nach der, nebenbei gesagt, die Asketen, die sie hörten, und zwar jeder Einzelne von ihnen, die Erleuchtung erfuhren. Die Achtsamkeit wird zweimal erwähnt, allerdings nur zum Ende der acht wichtigen Teile der Übung. Meditation wird überhaupt nicht ausdrücklich angesprochen. Wenn Sie vom Buddhismus nicht mehr kennten als diese erste Unterweisung, dann wüssten Sie zwar, dass es darum geht, das Leiden zu überwinden, aber Sie würden vermutlich nicht ahnen, wie wichtig Achtsamkeit oder Meditation sind.

Als Buddha in der Folge diese anfänglichen Ideen darlegte, bekam die Achtsamkeit allmählich einen hohen Stellenwert. Er widmete einige ganze Unterweisungen ausschließlich der Achtsamkeit. Er erklärte, die Grundlagen der Achtsamkeit seien der »direkte Pfad … zum Erreichen des wahren Weges« und der Verwirklichung des Nirvana.[45]

Warum sollte die rechte Achtsamkeit aber überhaupt wichtiger sein als das rechte Reden oder das rechte Handeln? Wenn man einmal kurz aus dem buddhistischen Zusammenhang heraustritt, ist das überhaupt nicht offensichtlich. Ist die Achtsamkeit nicht ein Geisteszustand? Bestimmt verursacht unser Handeln mehr Leid als das Denken. Jeder von uns hat die Erfahrung gemacht, Leiden zu verursachen, uns selbst oder anderen, ob absichtlich oder unabsichtlich, mit Worten oder Taten. Aber können wir auch mit unseren Gedanken Leid verursachen?

Die Antwort lautet: Ja, das können wir. Und wir tun es auch. Die ganze Zeit.

Überlegen wir einmal, was Achtsamkeit eigentlich bedeutet. Ein moderner buddhistischer Gelehrter beschreibt sie als »das klare und zielgerichtete Bewusstsein für das, was uns tatsächlich im gegenwärtigen und in den folgenden Momenten der Wahrnehmung widerfährt.«[46] Eine eher psychologisch ausgerichtete Definition lautet: »... der Zustand, aufmerksam und bewusst dem gegenüber zu sein, was in der Gegenwart geschieht.«[47] Und in ganz einfachen Worten ausgedrückt, wie schon zu Beginn des Kapitels gesagt, bedeutet Achtsamkeit, aufmerksam zu sein.

Diese Aufmerksamkeit ist das Herzstück aller anderen Teile des achtfachen Pfades. Rechtes Reden ist nicht möglich, wenn wir dem, was wir sagen, keine Aufmerksamkeit schenken. Rechtes Handeln ist nicht möglich, wenn wir dem, was wir tun, keine Aufmerksamkeit schenken. Ohne Achtsamkeit stecken wir fest. Es ist so, als wollten wir Buddhas Weg im Schlaf folgen.

Darin besteht die Verbindung von Achtsamkeit und Buddhismus. »Buddhismus« ist der moderne Begriff für die Lehren Buddhas, das, was traditionell das Dharma genannt wird. Oder anders gesagt: Buddhismus ist die Versprachlichung von Buddhas Weg zur Erleuchtung. Und die Achtsamkeit ist es, die es möglich macht, diesem Weg zu folgen.

Vielleicht war die Vorrangstellung der Achtsamkeit für Buddha selbst gar nicht so offensichtlich, als er mit dem Lehren begann. Oder aber sie war für ihn so offensichtlich, dass er es nicht für notwendig hielt, sie zu erklären. Doch genau das ist es, was es uns heute in der buddhistischen Praxis so viel Wert auf die Achtsamkeit legen lässt: weil Achtsamkeit der Schlüssel ist, der den ganzen Weg öffnet.

Auch bei der Arbeit ist die Achtsamkeit wichtig. Ihr Job mag Ihnen hin und wieder stumpfsinnig erscheinen, aber ich versichere Ihnen: Sie würden ihn nicht ausüben, wäre es tatsächlich so. Heutzutage ist nahezu alles in der Arbeitswelt automatisiert, was sich automatisieren lässt. Wenn Sie aber diese bestimmte Arbeit tun, dann deshalb, weil sie jemand für die Art von Arbeit hält, der Aufmerksamkeit gewidmet werden muss.

Das untermauert auch die Forschung. Studien zeigen, dass Achtsamkeit die Leistung im Job über Branchen und Berufe hinweg verbessert, sei es bei Kellnern, Vorgesetzten und mittleren Führungskräften, Krankenschwestern, Psychotherapeuten oder Arbeitern in Atomkraftwerken.[48] Eine Untersuchung mit Krankenschwestern in der besonders anstrengenden Intensivpflege, die acht Wochen lang für eine Stunde wöchentlich ein Achtsamkeitstraining angeboten bekamen, fand unter den Teilnehmenden »Engagement und Resilienz signifikant erhöht«.[49] Für solchen Umgebungen, in denen die Leistungen der Beschäftigten schwerwiegende Konsequenzen für das wirkliche Leben haben, merken die Wissenschaftler an, dass Achtsamkeit »nicht nur das Leben des Einzelnen verbessert, sondern potenziell auch das derjenigen, mit denen sie über ihre Arbeit in Berührung kommen.« Aus einer Untersuchung, die in der U.S. Army durchgeführt wurde, konnte man schlussfolgern, das Achtsamkeitstraining könnte »vor funktionellen Beeinträchtigungen, die mit einem hohen Stresslevel in Zusammenhang stehen« schützen.[50] (Wenn Sie sich fragen, ob Buddha wohl mit einem Achtsamkeitstraining für Soldaten einverstanden wäre, haben die Leiter der Studie darauf folgende Antwort: »Achtsamkeit könnte für die Soldaten größere kognitive Ressourcen bereitstellen, mittels deren sie bei der moralisch zweifelhaften und emotional herausfordernden Bekämpfung eines Aufstands ethischer und effektiver handeln können.«)

Achtsamkeit ist aber keineswegs nur etwas für Intensivpflegerinnen und Soldaten. Auch für typischere Arbeitsplätze zeigt sich durch Achtsamkeit eine Verbesserung von »Kreativität, Innovation, Resilienz, Arbeitseifer, Produktivität, Kommunikationsfähigkeit, Konfliktbereitschaft, Fehlzeiten und Umsatz«.[51] Eine Studie mit 238 Angestellten der Krankenkasse Aetna zeigte, dass Achtsamkeitstraining die Produktivität erhöhte und das Stressempfinden verminderte.[52] Firmen wie

Target (zweitgrößter Discounter der USA), General Mills (einer der weltweit größten Lebensmittelkonzerne) und Intel bieten bereits Achtsamkeitstrainings an und machen damit positive Erfahrungen.[53]

Wenn Achtsamkeit also so wunderbar ist, woher bekommen wir sie? Das ist das Thema unseres nächsten Kapitels (S. 47). Dort werden Sie sehen, dass Sie dafür nicht extra in einer Firma wie Google arbeiten müssen, die Achtsamkeit direkt am Arbeitsplatz schult. Das Wichtigste, was Sie für Ihre Arbeit tun können, könnte etwas sein, was Sie zu Hause tun können.

Kapitel 6: Wie ein Buddha meditieren

Achtsamkeit ist anstrengend, denn die Welt ist voller Ablenkungen. Wie oft haben Sie schon Ihr Smartphone zur Hand genommen, seit Sie dieses Buch lesen? Wie viele Textnachrichten werden Sie wohl geschrieben haben, bevor Sie dieses Kapitel zu Ende gelesen haben?

Doch es sind längst nicht nur die Smartphones und Bildschirme, die uns ablenken. Auch vor 2500 Jahren war es nicht einfach, achtsam zu sein. Selbst damals befürchtete Buddha, dass die Menschen derart von ihren selbstgemachten Ablenkungen vereinnahmt werden (er nannte es »Bindungen«), dass sie niemals in der Lage sein würden, seine Lehren zu verstehen. »Es ist für so eine Generation nicht einfach, die Wahrheit zu erkennen«, klagte er – eine Aussage, die alle Lehrer nachfolgender Generationen gebetsmühlenartig wiederholen.[54] Und vergessen Sie nicht, dass das noch vor den Zeiten von Smartphones, Computern, Fernsehern und Radios war. Es war sogar vor den Zeiten, in denen es Papier gab – trotzdem schienen Gedankenlosigkeit und Ablenkung unüberwindbare Probleme darzustellen.

Wie also können wir Achtsamkeit lernen? Wir wissen jetzt zwar, wie wichtig sie ist, doch wie ist es möglich, sie zu erlangen? Wie gelingt es uns, all diese Ablenkungen hinter uns zu lassen?

Buddha hatte darauf eine ganz einfache Antwort: Meditation. Meditation ist die Möglichkeit, Achtsamkeit zu üben. *Üben* meine ich wortwörtlich. Das Prinzip ist dasselbe wie das von Fingerübungen beim Klavierspielen. Wenn Sie selbst als Kind einmal versucht haben, Klavier zu lernen – oder Sie das Pech hatten, einem Kind lauschen zu müssen, das mit dem Klavierspielen beginnt –, dann wissen Sie, dass Klavierüben nicht dasselbe ist wie Klavierspielen. Beim Üben müssen wir ein paar wenige Noten immer und immer wieder spielen. Wir entwickeln ein Muskelgedächtnis in den Fingern und trainieren unser Gehirn im Notenlesen. Das unterscheidet sich erheblich vom Musizieren.

Mit dem Autofahren ist es genauso. Sie üben das Fahren vielleicht auf einem leeren Parkplatz und das Einparken in einer ruhigen Seitenstraße zwischen zwei aufgestellten Kegeln. Doch solange Sie sich nicht in den Straßenverkehr begeben, fahren Sie noch nicht richtig.

Um eines klarzustellen: Die Erleuchtung geschieht nicht etwa auf einem Meditationskissen. Sie geschieht in der realen Welt. Bei der Erleuchtung geht es darum, wie wir unser Leben leben, wenn wir das Meditationskissen verlassen haben. Um uns darauf vorzubereiten, meditieren wir.

Buddha gab zum Meditieren sehr detaillierte Anweisungen. Er hielt ganze Unterweisungen zu verschiedenen Techniken, und heutige Lehrer verfassten und verfassen viele Bücher darüber, wie man meditiert.[55] Die unterschiedlichen buddhistischen Richtungen haben im Laufe der Jahrhunderte etwas abweichende Stile entwickelt und einige tendieren dazu, bestimmte Techniken vorzuziehen. Doch die meisten beginnen mit ein und derselben Vorgabe: Finden Sie einen ruhigen Platz, setzen Sie sich aufrecht hin und konzentrieren Sie sich auf Ihre Atmung.

Buddha schlug ein paar geeignete Orte vor: den Wald, auf einer Baumwurzel oder in einer leerstehenden Hütte.[56] Heutzutage tut es auch ein ruhiger Raum. In der Zen-Tradition sitzen die Meditierenden mit dem Blick zur Wand. Das Ziel ist, so wenig Ablenkung wie möglich zu haben. Das ist wieder ein wenig so wie das Einparken-Üben auf einem leeren Parkplatz. Sie machen es sich am Anfang so einfach wie möglich.

Die traditionelle Position ist der Lotussitz, bei dem die Beine so gekreuzt sind, dass jeder Fuß auf dem Oberschenkel des anderen Beins liegt. Wenn Sie das hinbekommen: prima. (Vielleicht machen Sie Yoga, das hilft.) Wenn das nicht klappt, dann können Sie es mit dem halben Lotussitz versuchen, bei dem ein Fuß auf einem Oberschenkel ruht und der andere Fuß unter dem anderen Oberschenkel liegt. Ist Ihnen das zu viel Dehnung, dann gibt es noch den sogenannten burmesischen Sitz, bei dem Sie beide Füße vor sich auf dem Boden kreuzen. Alle Sitzpositionen sind einfacher, wenn Sie dabei etwas erhöht auf einem kleinen Kissen sitzen.

Sie können aber auch knien oder sogar auf einem Stuhl sitzen. Das Ziel ist, aufrecht zu sitzen, mit möglichst gerader Wirbelsäule, sodass der Körper optimal gestützt ist. Eine verbreitete Technik ist es, sich vorzustellen, dass der Scheitel zur Decke hin angehoben wird, die Wirbelsäule dabei leicht zu strecken und anschließend zu entspannen, sodass jeder Wirbel bequem auf dem darunterliegenden ruht. Wenn Sie das richtig machen, dann sollte es wenig Mühe bereiten, den Körper aufrecht zu halten.

Jetzt sind Sie bereit für die Meditation. Zuallererst stellen Sie sich einen Timer. Das ist wichtig. Es meditiert sich recht schwer, wenn Sie ständig auf die Uhr linsen müssen, um zu sehen, wann Sie fertig sind. Sie können den Timer Ihres Smartphones oder einen Wecker verwenden oder sich eine spezielle App herunterladen.* Egal, wofür Sie sich entscheiden, ich empfehle für den Anfang fünf Minuten Zeit für die Meditation.

Machen Sie zu Beginn drei tiefe Atemzüge. Machen Sie sich mit jedem Einatmen ganz bewusst, dass Sie einatmen, und mit jedem Ausatmen, dass Sie ausatmen. Nach diesen drei Atemzügen atmen Sie ganz normal weiter, bleiben mit Ihrer Aufmerksamkeit aber bei Ihrer Atmung. Machen Sie sich lange und kurze Atemzüge bewusst. Versuchen Sie, jeden ihrer Atemzüge wahrzunehmen.

Eine Methode, die Buddha vorschlug, ist, sich jeden Atemzug selbst vorzusagen.[57] Wenn Sie einatmen, sagen Sie (leise zu sich selbst): »Ich atme ein.« Wenn Sie ausatmen, sagen zu sich selbst »Ich atme aus.« Wenn Sie einen langen Atemzug machen, sagen Sie: »Ich mache einen langen Atemzug.« Wenn Sie einen kurzen Atemzug machen, sagen Sie: »Ich mache einen kurzen Atemzug.« Das hilft Ihnen, Ihr Gehirn vor dem Abschweifen zu bewahren, und fokussiert Ihre Aufmerksamkeit.

---

* Davon gibt es eine Menge! Ich mag besonders die App Insight Timer, die sowohl kostenlos als auch fantastisch ist: https://insighttimer.com/

Dies ist nicht nur mentale, sondern auch körperliche Aufmerksamkeit. Sie sollten sich selbst atmen *spüren*. Sie sollten wahrnehmen, wie der Atem in den Körper ein- und ausfließt. Sie sollten ihn in Ihrem Mund oder Ihrer Nase spüren. Sie sollten wahrnehmen, wie sich Ihr Brustkorb hebt und senkt. Sie sollten Ihren Brustkorb sich heben und senken *spüren*.

Heute heißt es, dass vermeintlich rein körperliche Aktivitäten – wie Laufen, Tennis oder Golf – zu einem großen Teil auch mental wirken. Das Gegenteil stimmt aber ebenso. Wir stellen uns die Meditation als eine komplett mentale Übung vor, eine Methode, Gedanken zur Ruhe zu bringen. Aber Meditation ist ebenso eine körperliche Übung. Sie ist nicht nur eine Art zu denken. Sie ist etwas, was wir *tun*, mit unserem Körper ebenso wie mit unseren Gedanken.

Warum beginnen wir Meditation mit der Atmung? Stellen Sie sich Ihre Atmung als eine Art biologisches Metronom vor, das den Grund-Trommelschlag Ihrer Existenz vorgibt. Sie denken jetzt vermutlich, dass Ihr Herzschlag diese Funktion wahrnehmen könnte, doch die meisten von uns sind sich ihres individuellen Herzschlags nicht bewusst. Unser Atem scheint auf eine Weise geeignet zu sein, wie es andere Körperfunktionen nicht sind, weil er einerseits stets präsent und andererseits ganz erkenn- und wahrnehmbar ist.

Wenn sich das alles für Sie jetzt ganz einfach anhört, dann haben Sie es vermutlich noch nicht ausprobiert. Die meisten Menschen finden das Meditieren am Anfang schwierig. Die Gedanken wandern. Wir fangen an, über etwas nachzudenken: was bei der Arbeit wieder Ärgerliches passiert ist, über eine Besorgung, die wir noch machen müssen, über eine alte Flamme aus der Schulzeit oder eine neue aus dem Internet. Wir sind sicher, unser Telefon gerade gehört zu haben, und fragen uns, wer uns da ansimst. Und irgendwann fällt uns auf, dass wir unsere Atmung für wer weiß wie lange schon nicht mehr wahrgenommen haben. Verzweifelt wollen wir auf unseren Timer schauen, um nachzusehen, wir lange wir hier noch sitzen müssen.

Das ist okay. Wenn Ihnen auffällt, dass Ihre Gedanken abgeschweift sind, dann konzentrieren Sie sich einfach wieder auf Ihre Atmung.

Egal, ob das einmal oder hundertmal passiert. Verurteilen Sie sich nicht dafür. Machen Sie einfach noch einen Atemzug.

Wenn wir einmal so weit sind, dass wir unserer Atmung gut folgen können, dann, so regt Buddha an, sollen wir dem ganzen Körper Achtsamkeit widmen. Wenn wir sitzen, sollten wir uns unseres gesamten sitzenden Körpers bewusst sein. Wir sollten jede Stelle spüren, die den unter uns befindlichen Boden berührt. Wir sollten unsere übereinanderliegenden Beine spüren. Wir sollten die auf unserem Schoß ruhenden Hände spüren. Wir sollten die Luft an unserer Haut wahrnehmen und diese Luft *spüren*, ob sie warm oder kalt, ruhig oder bewegt ist. Unsere Wahrnehmung sollte jeden Teil von uns einschließen.

Wie wirksam sind diese Achtsamkeitsmeditationen? Buddha ging davon aus, dass sie ziemlich wirksam sind! In einem Sutra beginnt er damit, dass jedem, der diese Meditationen praktiziere, nach sieben Jahren das Nirwana garantiert sei.[58] Nicht übel! Denken Sie doch mal darüber nach. Sieben Jahre mögen sich nach viel anhören, aber wir brauchen zwölf bis 13 Jahre bis zum Abitur, allein schon für die Grundschule vier und was können wir dann vorweisen? (Versuchen Sie mal, ein Gespräch mit Ihrem Schulenglisch zu führen, und Sie wissen, was ich meine.) Viele verbringen vier oder fünf Jahre an der Hochschule, nur, um sich auf einen Job vorzubereiten, und verlassen diese mit dem Gefühl, noch immer nicht auf das Berufsleben vorbereitet zu sein. Buddha behauptet, dass wir schon nach *nur sieben Jahren* der Meditations-Übung so viel mehr als das erreichen können. Wir können das Schloss öffnen, das uns alles Leiden überwinden lässt. Wir können buchstäblich das Nirwana finden.

Doch dann entpuppt sich Buddha, trotz seines erleuchteten Zustands, als ein wirklich lausiger Verhandlungsführer. Denn plötzlich – inmitten dieser Unterweisung – beginnt er, mit sich selbst zu feilschen. Eventuell könnten sechs Jahre auch ausreichen. Vielleicht aber auch fünf, schlägt er vor. Oder vier. Dann geht er bis auf ein Jahr runter. Nur ein Jahr! Doch dann beschließt er, dass auch ein Jahr noch zu viel ist, und gesteht dem Erleuchtungsprozess sieben Monate zu. Oder sechs?

Er handelt sich selbst auf einen Monat herunter, dann einen halben Monat, bis er schließlich bei sieben Tagen angelangt ist. Das ist es dann, das ist sein letztes Angebot. Weiter runter wollte er nicht gehen. Wenn wir uns sieben Tage lang ganz der Achtsamkeitsmeditation widmen, werden wir unter Garantie erwachen.

Das ist ein ziemlich großartiger Deal. Aber wie ist das möglich? Wie kann uns die Meditation über sieben Tage oder sieben Jahre der Erweckung näherbringen?

Hier haben wir wieder die Analogie zum Klavierspielen. All diese Fingerübungen mögen für sich monoton klingen, doch sie entfalten ihre Magie, wenn es ans Musizieren geht. Ebenso geht es mit der Meditation: Über das Üben der Achtsamkeit durch die Meditation tragen wir die Achtsamkeit in unseren Alltag. Wir sind uns vielleicht nicht jedem unserer Atemzüge bewusst, aber wir schlafwandeln auch nicht mehr durch unsere Tage.

Schritt für Schritt lösen wir die Achtsamkeitsübung vom Meditationskissen. Buddha sagt, wir sollen uns des Laufens bewusst sein, wenn wir laufen. Wenn wir stehen, sollen wir uns des Stehens bewusst sein. Wenn wir sitzen oder liegen, sollen wir uns ebenfalls unseres Körpers bewusst sein – unseres gesamten Körpers. Während des Laufens sollen wir die Art und Weise spüren, mit der unser Fuß den Boden berührt, die Art, wie sich unser Gewicht verlagert, die Art, wie unser Körper auf jeden Schritt und jeden Atemzug reagiert. Das Ziel sei, so Buddha, zu jemandem zu werden, der »mit voller Aufmerksamkeit beim Laufen, Stehen, Sitzen, Einschlafen, Aufwachen, Reden und Stillsein handelt.«[59] Diese Achtsamkeit, die wir in der Meditation entwickelt haben, festigt sich außerhalb davon, im wahren Leben. In anderen Worten beginnt die Achtsamkeit damit, unser Leben zu durchdringen – zu Hause, bei der Arbeit und überall.

Achtsamkeit macht den Rest von Buddhas achtfachem Pfad ebenfalls gangbar. Wir praktizieren rechtes Reden, weil wir achtsam sind, wie unser Reden andere beeinflusst. Wir beginnen mit dem rechten Handeln, weil wir den Konsequenzen unseres Handelns gegenüber achtsam sind. Und so weiter. Diese Achtsamkeit ist der Schlüssel für den

Rest des Weges. Alles Gute beginnt dort. Wie Buddha lehrte: »Rede oder handle mit friedlichen Gedanken, und die Zufriedenheit wird folgen wie ein niemals wegziehender Schatten.«[60]

Beginnen Sie also heute noch mit der täglichen Meditationspraxis. Das Wichtigste ist, eine tägliche Routine im Meditieren zu entwickeln. Wenn Sie mit den fünfminütigen Sitzungen, die ich schon beschrieben habe, gut zurechtkommen, empfehle ich, die Dauer auf zehn Minuten täglich zu erhöhen. Selbst an Ihren geschäftigsten Tagen könnten Sie zehn Minuten früher aufstehen oder zehn Minuten später zu Bett gehen. (Amerikaner verbringen im Schnitt mehr als acht Minuten täglich unter der Dusche.[61] Im schlimmsten Fall könnten Sie sich also dort ein paar Minuten abzwacken.)

Wenn Sie es so nach und nach schaffen, die Meditationsdauer auf 20 Minuten zu verlängern, wäre das wunderbar. So mache ich es an den meisten Tagen. Ich denke, dass 20 Minuten genug Zeit sind, um eine solide Meditationspraxis zu entwickeln. Wenn 20 Minuten zu viel für Sie sind, dann bleiben Sie bei zehn. Vielleicht können Sie am Wochenende oder einem freien Tag auf 20 Minuten aufstocken.

Sind zehn Minuten täglich denn ausreichend, fragen viele. Manche würden behaupten, ein »Ausreichend« gibt es nicht. Der Dalai Lama meditiert täglich mehrere Stunden, und das schon sein ganzes Leben.[62] Auch andere weniger bekannte Menschen, die schon viele Jahre meditieren, tun dies über lange Zeiträume. Doch die meisten von uns werden das als eine ziemliche Herausforderung empfinden und viele ziehen auch schon aus einer sehr viel kürzeren Meditationsdauer einen Nutzen. Es ist wie mit dem körperlichen Training: Jedes Bisschen hilft. Es ist sehr viel besser, sich täglich ein bisschen Zeit für die Meditation zu nehmen, als große Pläne für längere Meditationen zu machen, die man niemals realisiert.

Um eines klarzustellen: Ich kann Ihnen kein Wunder nach sieben Tagen versprechen. Ehrlich gesagt konnte ich nie recht nachvollziehen, warum Buddha dies behauptete, schließlich ist es überhaupt nicht einfach, Achtsamkeit in den Alltag zu bringen. Es ist schwer und es benötigt viel Übung. Doch es ist möglich. Das ist die eigentliche Botschaft von Buddhas Lebensgeschichte. Sie ist der Bericht über einen Menschen, der es schaffte, diesem Weg zu folgen. Er war in der Lage, genug Achtsamkeit zu entwickeln, um wirklich zu erwachen. Er erlangte die Erleuchtung. Und wenn es ihm möglich war, dann ist es uns auch möglich.

Kapitel 7: Das Problem mit dem Fachwissen

Wenn Sie hier das erste Mal mit Meditation in Berührung kommen, dann kommen Ihnen die Übungen aus dem vorherigen Kapitel (S. 47) vielleicht unnatürlich und unbequem vor. Die meisten fühlen sich unwohl, wenn sie etwas – egal was – zum ersten Mal tun. Wir fürchten, es nicht richtig zu machen, und unsere Unwissenheit macht uns verlegen. Und vielleicht fühlen Sie sich in diesem Fall, allein in einem Raum sitzend, mit unnatürlich verknoteten Beinen und den Händen im Schoß auch ein bisschen lächerlich.

Buddha würde sagen, das ist schon in Ordnung.

Einen großen Teil unseres Lebens verbringen wir damit, nach Wissen zu streben – ganz besonders bei der Arbeit. Wir wollen uns als kompetent und fähig empfinden. Wir wünschen uns den Respekt unserer Kollegen und Lob von unseren Vorgesetzten. Wir mögen es gar nicht, Fehler zu machen. Doch es erweist sich, dass hinter all diesem scheinbaren Fachwissen eine gewisse Gefahr steckt.

Der große Zen-Meister Eihei Dogen aus dem alten Japan hatte zum Anfänger-Dasein eine andere Meinung. Er fürchtete, dass das, was wir für Erfahrung und Fachkompetenz halten, oft zu Nachlässigkeit und Unaufmerksamkeit führen könne. In dem unangenehmen Gefühl, das wir haben, wenn wir mit etwas Neuem beginnen und keine Ahnung haben von dem, was wir da tun, machte er eine ganz bestimmte Kraft aus. Diese vorsichtige, leere Geisteshaltung nannte er »Anfänger-Geist«. Er ging sogar so weit zu behaupten, dass das meditative Sitzen mit einem Anfänger-Geist dem Sitzen eines wahren Buddhas gleichkommt – und er sah im Verlust des Anfänger-Geistes durch weiterführendes Meditationstraining ein Risiko.[63]

Diese Vorstellung ist im Buddhismus nichts Ungewöhnliches. In den meisten Weltreligionen herrscht eine ähnliche Auffassung, die Ahnung einer »Grundweisheit«, die uns allen innewohnt.[64] Doch in der

Zen-Buddhismus-Schule, die Meister Dogen in Japan einführte, scheint sie ihren umfassendsten und deutlichsten Ausdruck zu finden. Viele Jahrhunderte später baute der moderne Zen-Meister Shunryu Suzuki Dogens Vorstellungen in einer berühmten Vortragsreihe aus, die er vor amerikanischen Studenten in Kalifornien hielt und machte die Thesen damit populärer. »Das Ziel der Übungen ist immer«, so sagte er, »unseren Anfänger-Geist zu bewahren.«[65] Er lehrte also im Grunde, dass wir niemals Experten werden sollten! Diesen sonderbaren Ratschlag erklärte er folgendermaßen: Damit ist kein verschlossener Geist gemeint, sondern ein leerer Geist, der bereit ist. Wenn euer Geist leer ist, ist er stets für alles bereit; er ist offen für alles. Im Anfänger-Geist gibt es viele Möglichkeiten, im Geist des Experten nur wenige.[66]

Am offensichtlichsten tritt der Anfänger-Geist bei der Arbeit zutage, wenn wir ein neues Aufgabengebiet übernehmen oder einen ganz neuen Job antreten. Auf einmal fühlen wir uns gar nicht mehr so kompetent. Wir sind uns unsicher, was wir zu tun haben. Wir machen mit großer Wahrscheinlichkeit etwas falsch. Wir schleichen auf Zehenspitzen herum mit dem sicheren Gefühl, jeder nehme unsere Unwissenheit wahr. Wir fühlen uns wie der Neue in der Klasse, der nicht weiß, wo der Pausenhof ist.

Diese nervöse Energie, diese Wachheit können wir aber zu unserem Vorteil nutzen. Nur, weil wir uns in einer neuen Situation unbehaglich fühlen, müssen wir uns noch lange nicht *wegen* dieser Unbehaglichkeit unbehaglich fühlen. Jeder, mit dem Sie zusammenarbeiten, hatte einmal seinen ersten Tag. Niemand wird als Experte von Irgendetwas geboren und die meisten Menschen um Sie herum wissen womöglich sogar weniger, als sie glauben zu wissen. Das tatsächliche Gegenteil von Wissen ist nicht etwa Unwissenheit, sondern Überheblichkeit. Unwissenheit ist ein völlig respektabler Daseinszustand. Unwissenheit ist der Ursprung allen möglichen Wissens, doch bei der Überheblichkeit lauert die Gefahr. Das Wunderbare am Anfängersein ist, dass Sie wissen, was Sie nicht wissen. Der Experte hat das oft schon vergessen.

Es ist sogar noch wichtiger, einen Anfänger-Geist zu pflegen, wenn Sie gerade *nicht* mit etwas Neuem beginnen. In einem Job, den Sie schon lange ausüben, schleicht sich schnell eine Routine ein. Wir fühlen uns dann, als bedienten wir nur noch die Stechuhr und absolvierten unsere Pflichtübungen. Wir laufen Gefahr, zu einem dieser arroganten Fachidioten zu werden, die skeptisch auf Anfänger herabblicken. An diesem Punkt sickert unbemerkt die Nachlässigkeit ein, ob sie nun aus Langeweile oder Eigendünkel entstanden ist. Nun sollten wir uns besonders bemühen, unseren Anfänger-Geist wiederzuerlangen.

Eine einfache Möglichkeit, aus dieser Monotonie auszubrechen, ist, eine Pause einzulegen – damit wird sich bald schon ein ganzes Kapitel (S. 62) beschäftigen. Eine andere besteht darin, die Aufgabe zu ändern. Die meisten haben verschiedene Arbeiten im Lauf eines Tages, einer Woche oder sogar eines Jahres zu erledigen. Eine Möglichkeit, den Anfänger-Geist zu kultivieren, ist es, die verschiedenen Aufgaben häufiger zu wechseln und sich selbst damit öfter buchstäblich die Erfahrung zu verschaffen, etwas Neues anzugehen.

Manchmal ist auch einfach nur ein Tapetenwechsel nötig, um den Anfänger-Geist hervorzulocken. Wenn ich hin und wieder mit einem Problem nicht weiterkomme oder unmotiviert bin, dann gehe ich mit meinem Laptop einfach an einen anderen Platz im Gebäude und arbeite dort. (Was außerdem den zusätzlichen Nutzen hat, dass man nicht mehr so leicht zu finden ist und es unwahrscheinlicher ist, gestört zu werden.) In manchen Unternehmen wird das auf die Spitze getrieben, indem gar keine festen Arbeitsplätze mehr bereitgestellt werden. Doch wie bei allem geht es auch hier um die Ausgeglichenheit. Oft ist ein vertrauter Arbeitsplatz hilfreich, da alles genau so ist, wie Sie es haben möchten. (Mein Schreibtisch ist das reinste Chaos, aber ich weiß genau, was wo ist, und kann es schnell wiederfinden.) Wenn Sie aber bei der Arbeit nicht weiterkommen, dann könnten Sie an einen weniger vertrauten Ort wechseln, um wieder Bewegung ins Spiel zu bringen.

Der Anfänger-Geist ist nicht dasselbe wie das Hochstapler-Syndrom, das definiert wird als »das Empfinden, inkompetent zu sein und andere über die eigenen Fähigkeiten zu täuschen.«[67] Ein furchtbares Gefühl. Nachdem es erstmals bei Collegestudentinnen beobachtet worden war, glaubte man anfänglich, es betreffe hauptsächlich Frauen. Irgendetwas an dem Gefühl, man möge fehl am Platz *wirken*, scheint die Befürchtung mit sich zu bringen, man *sei* auch wirklich fehl am Platz – und werde über kurz oder lang als Hochstapler entlarvt. Heute wissen wir, dass dieses Gefühl auch unter Männern weit verbreitet ist. Viele von uns erwarten, dass unsere Kollegen jeden Moment den Betrüger in uns erkennen könnten; dass wir überhaupt nicht wissen, was wir da tun.

Deshalb ist es das Wichtigste, sich klarzumachen, wie verbreitet dieses Gefühl ist, wenn es einen überkommt. Fast jeder, den ich kenne, leidet hin und wieder bei der Arbeit am Hochstapler-Syndrom – ich selbst eingeschlossen. Sie sind also nicht allein. Viele, wenn nicht sogar die meisten Ihrer Kollegen haben dieselben Zweifel wie Sie. Dass Sie dort stehen, wo Sie jetzt sind, ist das Ergebnis Ihrer vorausgegangenen Handlungen – was Buddha das Karma nennen würde. Glück kann auch im Spiel gewesen sein, aber das gilt ebenso für jeden anderen. Sie verdienen es genauso wie jeder andere, dort zu sein, wo Sie sind.*

Der Anfänger-Geist kann beim Bekämpfen des Hochstapler-Syndroms helfen. Statt verzweifelt die vermutete Inkompetenz verstecken zu wollen, pflegen wir eine Offenheit für das Lernen und Entdecken. Statt die Furcht zugeben zu müssen, dass wir etwas nicht wissen, sind wir gespannt darauf zu entdecken, wie weit unser Wissen reicht. Das ist die beste Art des Lernens, sowie die uns umgebenden Menschen beim Lernen zu unterstützen. Wenn wir von vornherein unsere Grenzen kennen, müssen wir keine Angst davor haben, später entlarvt zu werden.

---

* Tatsächlich sind die Einzigen, die diese Ängste nicht kennen, diejenigen, die so von sich überzeugt sind, dass sie sich für sich nichts anderes vorstellen können, als erfolgreich zu sein – und das sind genau jene, denen eine Dosis Selbstzweifel ganz gut täte.

Diese Herangehensweise mithilfe des Anfänger-Geistes können wir auf jedes Gebiet anwenden. Der Biomediziner Albert J. Stunkard von der University of Pennsylvania studierte in frühen Jahren mit Shunryu Suzuki zusammen und versuchte, den Anfänger-Geist in seine lange, bahnbrechende Arbeit zur Erforschung von Essstörungen einzubringen. Er selbst beschreibt die Anwendung des Anfänger-Geistes in seiner Forschungsarbeit als »jeden Moment, dann, wenn er aufkommt, als einen Moment der Entdeckung zu verstehen und sich [ihm] ganz und gar zu widmen.«[68] Und der Softwareentwickler Arlo Belshee wendet dieses Prinzip bei der Programmierung an. Als er die Arbeiten für ein großes Softwareprojekt unter Mitarbeitern verteilen musste, fand er heraus, dass »die geeignetste Person für so eine Aufgabe jemand ist, der weniger Fachwissen in diesen Bereich hat«, denn »er probiert mehr Herangehensweisen aus, und das tut er schnell«, wodurch er »diese Aufgabe eher erfolgreich löst als jemand, der glaubt, sich damit auszukennen.«[69] Mit anderen Worten: Der am wenigsten erfahrene Programmierer bringt den größten Anfänger-Geist zur Arbeit mit.

Diese Beobachtung Belshees führt uns zu einer weiteren Methode, einen Anfänger-Geist zurückzuerlangen: mit neuen Menschen zusammenzuarbeiten. Wenn Sie ein Experte auf Ihrem Gebiet sind, dann versuchen Sie, sich mit jemandem zusammenzutun, der gerade erst anfängt. Dadurch, dass Sie erklären, was Sie tun, und Ihre Arbeit damit erstmals mit den Augen eines Anfängers sehen, werden Sie eine Menge lernen. Vielleicht haben Sie selbst schon einmal die Erfahrung gemacht, mit ortsunkundigen Gästen eine kleine Stadtführung zu unternehmen und die vertraute Umgebung dabei plötzlich in einem anderen Licht zu sehen. Aus genau diesem Grund liebe ich es, kleine Touren rund um mein Büro anzubieten – ich beginnen dabei, all die kleinen Dinge, die ich am Gebäude so mag, zu würdigen, statt sie als gegeben hinzunehmen. Wenn ich ein neues Technik-Team zusammenstelle, besetze ich es gerne mit frisch gebackenen Studienabgängern, weil ich weiß, dass sie wertvolle Fragen stellen werden, die uns alle dazu zwingen, noch einmal über die richtige Herangehensweise nachzudenken, statt dass wir einfach denselben Weg wählen, der beim letzten Mal funktioniert hat.

Wenn Sie selbst aber der Neue sind, dann können Sie den Spieß umdrehen und mit einem alten Hasen zusammenarbeiten. Sie werden von ihm lernen, aber auch er wird von Ihnen profitieren.

Die letzte Möglichkeit, bei der Arbeit frisch zu bleiben, besteht darin, außerhalb Ihres Arbeitsplatzes ein Anfänger zu werden, indem Sie ein neues Hobby beginnen oder eine anspruchsvolle neue Fertigkeit erwerben. Die äußerst erfolgreiche Englischprofessorin Sheryl Fontaine beispielweise beschreibt, wie sie ihren Anfänger-Geist durch das Studium der Kampfkünste nach Feierabend wiedererlangt: »Ich ließ meine Identität als Professorin, Autorin und Lehrerin hinter mir«, schildert sie, »und meldete mich für einen Karatekurs an.«[70] Obwohl es wenig sichtbare Berührungspunkte zwischen Kampfkunst und englischsprachiger Literatur gibt, konnte sie »ohne die Monotonie der bekannten Situation« neue Perspektiven und eine Selbstwahrnehmung gewinnen, die sie in ihren vertrauten Job einbringen konnte.

Nichts davon soll heißen, dass Erfahrung nicht wichtig ist. Selbstverständlich ist sie es. Ich bin in vielem heute so viel besser als noch vor zehn oder 20 Jahren, und ich lerne auch viel von Menschen, die schon lange in ihrem Fachgebiet arbeiten. In diesem Buch zitiere ich deshalb gerne Experten, weil ich deren Wissen schätze, das sie im Laufe ihrer Berufslaufbahn erworben haben. Doch ich lerne ebenso eine Menge von Anfängern, und zwar nicht nur, weil ich einige Grundlagen im Laufe der Jahre vergessen habe. Mark und Barbara Stefik, zwei Forscher aus Silicon Valley, kamen nach der Befragung dutzender Entwickler und Designer zum gleichen Schluss wie Belshee: Studenten und andere Neulinge auf einem Spezialgebiet sind deshalb in der Lage, die schwierigsten Probleme zu lösen, weil ihnen nicht bewusst ist, dass diese Problemlösung als schwierig gilt, und weil sie sich nicht davor scheuen, »unkonventionelle Ideen, die ein Experte für dumm oder unlogisch hält«, auszuprobieren.[71] Aus diesem Grund ist es meistens am besten, die unterschiedlichsten Kollegen in einem Team zusammenzubringen. Wir lernen sowohl von Experten als auch von Anfängern und bleiben selbst idealerweise sowohl Experten als auch Anfänger.

Wir alle handeln manchmal wie diese Experten mit Scheuklappen, und wir alle können von etwas mehr Anfänger-Geist profitieren. Das gilt sowohl für Zuhause als auch für den Arbeitsplatz. Eltern können von ihren Kindern lernen, Lehrer von ihren Schülern und (vielleicht ganz besonders) Chefs von ihren Mitarbeitern. Das wusste schon der große indische buddhistische Lehrer Shantideva im achten Jahrhundert. Er schrieb: »Man sollte der Schüler von jedem sein, jederzeit.«[72]

Der Zen-Meister Dogen wählte etwas vollmundigere Worte: »Die aufrichtige Ausübung des Weges durch einen Anfänger ist exakt die Absolutheit der echten Erleuchtung.« Einfacher ausgedrückt, führt der Pfad zur Erleuchtung darüber, sich dem gesamten Leben mit einem Anfänger-Geist anzunähern. Erweckung heißt nicht, alles zu wissen. Es ist sogar näher daran, gar nichts zu wissen.

Kapitel 8: Arbeiten, ohne zu arbeiten

Wie schon im vorigen Kapitel (S. 55) angesprochen, gehört der Verlust des Anfänger-Geistes zu den Risiken einer zu starken Fokussierung. Mehr noch: Wir gehen sogar oftmals davon aus, der beste – und vielleicht auch einzige – Weg, im Job voranzukommen, führe über noch härteres Arbeiten. Von Menschen, die zahllose Stunden arbeiten, sogar mehrere Schichten oder Jobs übernehmen, um im Beruf weiterzukommen, hört man immer wieder.

Was aber, wenn die Antwort lautet, weniger zu arbeiten?

Vor etwa 20 Jahren führten Forscher der University of Connecticut eine Untersuchung mit zwei ortsansässigen Versicherungsunternehmen durch. Sie forderten die dortigen Büroangestellten auf, stündlich vier Pausen einzulegen: drei jeweils nur 30-sekündige und eine von drei vollen Minuten. Die Angestellten sollten also alle 15 Minuten eine kurze Verschnaufpause machen und jede Stunde eine etwas umfangreichere Pause. Diese Pausen wurden zusätzlich zu den üblichen längeren Pausen (wie der Mittagspause) eingelegt, die sowieso schon in ihren Arbeitszeiten berücksichtigt waren.

Reduzierten all diese Extrapausen die Arbeitsgeschwindigkeit? Im Gegenteil: Diejenigen, die mehr Pausen machen durften, schienen mehr erledigt zu bekommen! Die Forscher bezeichneten dieses Ergebnis als »empirische Unterstützung für den Nutzen häufiger kurzer Ruhepausen.«[73] Arbeitende sind produktiver, wenn sie nicht *andauernd* arbeiten.

Wir lassen uns in den Sog des Geschäftigseins nur zu leicht hineinziehen und empfinden uns als unproduktiv – und unnütz –, solange wir nicht *irgendetwas* tun, am besten sogar mehrere Dinge gleichzeitig. Wir *wollen* geschäftig sein. Es ist uns etwas peinlich, wenn wir nicht geschäftig *wirken*. Selbst dann, wenn wir nicht bei der Arbeit sind, müssen wir *irgendetwas* vollbringen. Wir setzen uns Ziele für Trainingsprogramme und Hobbies, selbst für unsere Meditationspraxis.

Wenn wir von Freunden gefragt werden, wie es uns geht, antworten wir oft stolz, wir seien »schwer beschäftigt«.

Wie wir in einem späteren Kapitel noch ausführen werden, ist das Setzen von Zielen (S. 93) nicht unbedingt schlecht. Doch auch hin und wieder zu pausieren hat seinen Wert.

Manche Denkprozesse erfordern nicht nur den bewussten Einsatz, sondern auch Zeiten der unbewussten »Inkubation«. Viele berühmte Entdeckungen wurden in Momenten gemacht, in denen die berühmten »Denker« gerade nicht dachten, und selbst schöpferische Prozesse scheinen durch Ruhezeiten gefördert zu werden.* In wissenschaftlicheren Worten ausgedrückt: »Kreative Erkenntnisse sind das Resultat eines Prozesses, in dem ein anfänglicher bewusster Gedanke von einer Periode abgelöst wird, in der man sich mit arbeitsbezogenen bewussten Gedanken zurückhält.«[74]

Pausen bei der Arbeit einzulegen hat nichts mit Faulheit zu tun – sie sind notwendig. Nicht nur die Kreativität braucht Zeit, um Form anzunehmen. Unsere Körper und unser Geist sind schlicht nicht dafür gemacht, nonstop zu arbeiten. Wir benötigen Zeit zur Erholung und das geht nicht ohne Pausen. Etliche Studien konnten nachweisen, dass Pausen die Produktivität nicht mindern, sondern oftmals sogar steigern.[75] In einer Studie mit koreanischen Callcenter-Mitarbeitern zeigte sich, dass diejenigen bessere Verkaufserfolge aufwiesen, die erholsame, gesellige Pausen verbrachten.[76] Und eine europäische Studie mit Fließbandarbeitern resümiert, dass »häufige kurze Pausen« das Aufmerksamkeitslevel über den Tag verbesserten – wir haben bereits darüber gesprochen, wie wichtig Aufmerksamkeit ist![77] Sogar der meistverschriene Zeitfresser der Büroarbeit – das Surfen im Internet – hat seinen Nutzen. Anders, als viele denken, so weist eine kürzlich erschienene Studie nach, ist das, was die Forscher euphemistisch als »Freizeit-Internetsurfen am Arbeitsplatz« bezeichnen, tatsächlich eine »bescheidene Unterbrechung, die es ermöglicht, die mentale Kapazität

* Paul McCartney behauptet, die Melodie von »Yesterday« sei ihm im Traum eingefallen.

widerherzustellen und die das Gefühl der Autonomie fördert.«[78] Na also, legen Sie los und checken Sie Facebook!

Vielleicht klingt es naheliegend, aber an etwas anderem zu arbeiten, zählt nicht als Pause. Untersuchungen zeigen, dass Pausen nur dann effektiv sind, wenn man wirklich nicht arbeitet. (Wer hätte das gedacht?) Ein Forschungsbericht fasst zusammen »Angestellte, die sich während ihrer Pausen mit anderen Arbeiten, wie der Vorbereitung von Unterlagen für das nächste Meeting, beschäftigten, erlebten später mehr negative Emotionen.«[79] Wenn Sie also eine Reiskosten- oder eine Arbeitszeitabrechnung ausfüllen, wenn Sie den Boden wischen oder Geschirr spülen, dann machen Sie keine Pause. Damit gehen Sie lediglich zu einer anderen Arbeit über. Das ist zwar nicht schlecht, aber bedenken Sie: »Genau die Abwesenheit von arbeitsbedingten Aufgaben ist es, die den Erholungsprozess von der Arbeit möglich macht.«

Der Schlüssel zu einer erholsamen Pause ist echte Distanz. Vielleicht ist deshalb der Gebrauch unseres Smartphones während der Pause so kontraproduktiv. In einer Untersuchung mit 450 Büroangestellten stellte man fest, dass diejenigen, die in der Pause ihr Smartphone zur Hand nahmen, eine signifikant größere »emotionale Erschöpfung« empfanden. Am Arbeitsplatz zurück, profitierten sie auch nicht vom üblichen Erholungseffekt.[80] Wie können Smartphones schlecht sein, wo doch das Internetsurfen gut ist? Es könnte damit zusammenhängen, welche Aktivitäten dadurch ersetzt werden. Wenn Sie am Schreibtisch sitzen, dann kann ein bisschen Freizeit-Internet eine willkommene Unterbrechung der mit der Arbeit zusammenhängenden Aufgaben sein. Doch wenn Sie eine echte Pause machen, dann kann Sie Ihr Smartphone dazu verleiten, sich mit unbeantworteten Nachrichten und E-Mails zu beschäftigen.

Dazu kommt, dass es nicht nur wichtig ist, sich Zeit für eine Pause zu nehmen, sondern ebenso fürs Denken. Als ich noch als Programmierer arbeitete, hatte ich einen Chef, der sich stets aufregte, wenn er uns am Schreibtisch sitzen sah, ohne dass wir in die Tasten hauten. Einmal versucht ich ihm zu erklären, dass wir auch Zeit zum Denken benötigen, um kniffelige Programmiercodes zu verstehen oder die Software selbst zu entwerfen. »Machen Sie das auf dem Nachhauseweg in Ihrem Auto«, erwiderte er, »bei der Arbeit wird nicht gedacht.« Das ist natürlich eine furchtbare Anweisung. Heute weiß ich von einem anderen Chef, der jedes Jahr *eine ganze Woche* außerhalb des Büros verbringt, um nichts anderes zu tun, als zu denken. Jetzt raten Sie mal, welcher der beiden erfolgreicher ist.

Wenn Ihr Job noch nicht automatisiert ist, dann vielleicht, weil er echtes Denken erfordert. Vertrauen Sie mir und nehmen Sie sich jeden Tag Zeit zu denken.

Natürlich brauchen wir nicht nur während des Arbeitstags Pausen. Wir brauchen sie auch nach der Arbeit. Dafür gibt es einen Haufen Gründe, zum Beispiel den, dass es auch ein Leben neben der Arbeit gibt – oder geben sollte. (Wie man diese Ausgeglichenheit findet, dazu kommt später noch ein ganzes Kapitel, S. 115.) Auch auf die Arbeitsleistung bezogen können endlose Stunden im Büro kontraproduktiv sein. In einer britischen Langzeitstudie zeigte sich, dass »lange Arbeitszeiten einen negativen Effekt auf die Denkleistung ausüben könnten.«[81] Frauen und Männer, die mehr als 55 Stunden in der Woche arbeiteten, schnitten in einem kognitiven Argumentationstest schlechter ab als solche, die 40 Stunden in der Woche arbeiteten. Darüber hinaus »ließen über einen Zeitraum von fünf Jahren durchgeführte Tests die Voraussage zu, dass lange Arbeitszeiten eine Verschlechterung der Arbeitsleistung bewirken«, was vermuten lässt, dass diejenigen, die lange arbeiten, mit der Zeit abbauen.

Vorsätzlich weniger zu arbeiten geht vielen Unternehmen natürlich gehörig gegen den Strich. Forscher stellten bei der Analyse einer großen global agierenden Consultingfirma fest, dass Beschäftigte, von denen *angenommen* wurde, dass sie lange arbeiteten, als erfolgreicher eingestuft und mit größerer Wahrscheinlichkeit belohnt und befördert wurden – selbst, wenn sie nur vortäuschten, die Unternehmenskultur der langen Arbeitszeiten gutzuheißen.[82] Die Geschäftsführer schienen nicht in der Lage zu sein, zu unterscheiden, wer wirklich lange arbeitete und wer nicht, solange die Beschäftigten ihre kürzeren

Arbeitszeiten nicht explizit offenlegten. Solange Sie also Ihre Pausen oder Ihre vernünftigeren Arbeitszeiten nicht an die große Glocke hängen, bekommt Ihr Chef das womöglich noch nicht einmal mit.

Ich kannte einen Vorgesetzten, der mit einer von ihm aufgestellten Regel untersagte, ihn jemals als »geschäftig« zu bezeichnen. Damit wollte er vermeiden, dass seine Mitarbeiter die Geschäftigkeit als Ziel sahen. Wenn auch Sie für Mitarbeiter verantwortlich sind, dann versuchen Sie, echte Pausen einzuführen, sowohl während der Arbeitszeiten als auch nach der Arbeit. Ich selbst habe zum Ziel, niemanden in seinem Feierabend zu kontaktieren, auch wenn ich selbst noch arbeite, sodass meine Mitarbeiter und Kollegen wissen, dass es okay ist, nicht erreichbar zu sein. Und geben auch Sie sich die Erlaubnis dazu. Ein nicht erleuchteter Vorgesetzter wird sich zwar von Zeit zu Zeit ärgern, wenn Sie nicht jederzeit antworten, doch auf lange Sicht wird sich Ihre Arbeitsleistung durch die Extra-Erholungszeiten verbessern.

Der große zeitgenössische vietnamesische Zen-Meister Thich Nhat Hanh verdeutlicht die Macht des Nicht-Arbeitens mit dem Bild eines Glases schlammigen Wassers.[83] Egal, wie sehr Sie es schütteln, der Inhalt wird nicht klar werden. Im Gegenteil: Je mehr Sie das Glas bewegen, desto trüber wird das Wasser, weil die Bewegung die abgesetzten Trübstoffe aufwirbelt. Doch wenn Sie das Glas einfach nur stehen lassen, wenn Sie überhaupt nichts tun, dann setzt sich der Schmutz nach und nach am Boden des Glases ab und das Wasser wird klar. Aus der Stille kommt die Klarheit.

Oder, wie der Zukunftsforscher und Historiker Alex Pang schreibt: »Auszuruhen ist keine Faulheit. Es ist der Schlüssel zu einem besseren Leben.«[84]

Kapitel 9: Buddha im Bus

In den 1950er-Jahren machte ein Mediziner der englischen Medizinforschungsorganisation eine interessante Entdeckung an Angestellten des Londoner Nahverkehrssystems. Durch die Auswertung der Krankenakten von 31 000 Personen, die in den berühmten Doppeldeckerbussen arbeiteten, fand er heraus, dass die Fahrer eine sehr viel höhere Rate koronarer Herzerkrankungen aufwiesen als die Schaffner, die in derselben Schicht arbeiteten.[85] Die Gruppen waren in vielerlei Hinsicht vergleichbar: Alter, Geschlecht und Lebensweise waren identisch. Doch die Fahrer verbrachten ihren Tag sitzend, während die Schaffner ständig auf den Beinen waren – das machte den Unterschied aus.

Denken wir an Buddha, dann stellen wir uns gerne eine sitzende Seele vor, ganz allein in die Betrachtung des Universums versunken. Natürlich saß er auch und meditierte, das haben wir bereits angesprochen. Tatsächlich aber verbrachte er sehr viel Zeit auf seinen beiden Beinen. Er durchquerte, seine Lehren verbreitend, mehrere Königreiche und war fast immer unterwegs. Es war sogar so, dass er seinen Anhängern in den letztlich für Mönche und Nonnen aufgestellten Regeln untersagte, zu viel Zeit an einem Ort zu verbringen. Sie mögen sich vielleicht vorstellen, dass die für Buddha angemessene Rolle die des Busfahrers sei, der den Weg vorgibt, doch in Wirklichkeit führte er sein Leben eher wie der Schaffner, der den Gang auf und ab schlurft und sich unermüdlich jedem seiner Fahrgäste widmet.

Es gab eine Zeit, in der Arbeiten üblicherweise eine körperliche Aktivität bezeichnete, ob in der Fabrik, auf dem Bauernhof oder in einem Geschäft. Doch heutzutage verbringen viele von uns den Tag stillsitzend, ein bisschen wie in der Vorstellung, die viele von Buddha haben – jedoch am Schreibtisch und nicht auf einem Berggipfel. Einer neueren Schätzung zufolge verbringen heutige Angestellte 62 Prozent ihrer Arbeitszeit sitzend.[86] Wir sind zu einer Nation von Busfahrern geworden, mit der damit verbundenen schlechten Gesundheit.

Vermutlich muss ich Ihnen nicht mitteilen, dass körperliche Aktivität gut für Sie ist, doch die schädlichen Auswirkungen des Lebens und Arbeitens im Sitzen gehen weit über die auf das Herz hinaus. Bisher wissen wir, dass die körperliche Inaktivität einen »erheblichen Beitrag zu 35 ungesunden Konditionen, darunter zehn der Haupt-Todesursachen in den USA«, leistet.[87] Auf den weltweiten Einfluss auf die Lebenserwartung und den Tod durch nicht übertragbare Krankheiten bezogen, ist das Gesundheitsrisiko körperlicher Inaktivität etwa mit den Risiken durch Übergewicht und durch Rauchen vergleichbar![88]

Es gibt zudem deutliche Hinweise darauf, dass Bewegung weit mehr als nur die körperliche Gesundheit fördert.[89] Sie beeinflusst ebenfalls die mentale Befindlichkeit, reduziert sowohl Stress als auch Depressionen und scheint ganz besonders die Geisteshaltung bei der Arbeit zu verbessern.[90] Körperliche Aktivität verbessert sogar unser Denkvermögen. Schon eine einzige Übungseinheit steigert die Wahrnehmung messbar, ungeachtet des Alters.[91] Es muss auch keine schweißtreibende Angelegenheit wie Cross-Fit sein. Eine an der Stanford University durchgeführte Studie stellt fest: Das einfache Gehen »öffnet den freien Fluss der Gedanken, [...] und erhöht Kreativität und körperliche Aktivität« gleichzeitig.[92] Die Forscher stellten fest, dass das Laufen an der frischen Luft zwar am besten sei, es aber selbst auf dem Laufband noch die Kreativität stimuliere.

Diese positiven Auswirkungen auf das Gedächtnis könnten zu einem Teil mit für die Produktivitätssteigerung bei der Arbeit durch körperliche Aktivität verantwortlich sein. In einer Studie mit Krankenhausmitarbeitern in Seattle, Minneapolis und Denver konnte schon durch moderate körperliche Aktivität eine signifikant verbesserte Arbeitsleistung erreicht werden.[93] Aus einer ähnlichen Studie mit 201 Probanden in Südwestengland schloss man, dass »körperliche Aktivität Stimmung und Arbeitsleistung verbessert, zu verbesserter Konzentrationsfähigkeit und besseren auf die Arbeit bezogenen Beziehungen sowie zu erhöhter Stressresilienz führt.«[94]

Macht nun das Wissen, dass körperliche Aktivität sowohl für unsere Gesundheit als auch für unsere Produktivität gut ist, das Sitzen zu etwas Schlechtem? Die Antwort scheint nicht ganz so eindeutig zu sein. Auf der einen Seite werden die Jobs, die viel Sitzen erfordern, meistens besser bezahlt als diejenigen, die viel Bewegung von uns verlangen. Schauen Sie nur einmal in ein x-beliebiges Bürohaus hinein: Sie sehen wahrscheinlich gutbezahlte und mittlere Führungskräfte in Meetings herumsitzen und schlechtbezahlte Hausmeister und Wachleute, die auf den Beinen sind. Die Tatsache, dass sich die Gutsituierten auch eine bessere Gesundheitsversorgung leisten können, kann die negativen Auswirkungen dieser ganzen Herumsitzerei verschleiern.[95]

Doch das Ergebnis einer australischen Umfrage mit über 200 000 Erwachsenen, nach der »die Menschen, die die meiste Zeit sitzen und nicht jede Woche körperlich aktiv sind, die höchste Gesamtmortalität« aufweisen, war eindeutig – das bedeutet, sie starben tatsächlich früher als ihre weniger sitzenden Nachbarn.[96] Die Studie schätzte, dass das »Sitzen für 6,9 % aller Todesfälle« unter den mindestens 45-jährigen Erwachsenen verantwortlich ist. Und etwa 25 Prozent dieser Erwachsenen saßen mindestens acht Stunden am Tag.

Würde ein an den Schreibtisch gefesselter Buddha einen Steh- oder Laufbandschreibtisch verwenden? Für den gesundheitlichen Nutzen dieser Hilfsmittel, die für mehr Bewegung am Arbeitsplatz sorgen sollen, gibt es einige Beweise, aber ich bin da noch skeptisch. Die Mayo-Klinik in Minnesota konnte bei Probanden, die an einem Laufband-Schreibtisch arbeiteten, eine höhere körperliche Aktivität und Arbeitsleistung feststellen als an einem traditionellen Arbeitsplatz.[97] Allerdings erst, nachdem die Arbeitsleistung anfangs *gesunken* war – vielleicht weil es nicht so einfach ist, gleichzeitig zu laufen und zu arbeiten. Frühere Untersuchungen durch dasselbe Team konnten nur »sehr geringe« Verbesserungen der Gesundheit von Angestellten durch die Verwendung eines Laufbands ausmachen sowie gar keinen Anstieg der durch einen Vorgesetzten bewerteten Arbeitsleistung, ebenfalls nach einem vorangegangenen geringen Abfall.[98] Eine umfassende Übersicht über 23 Studien mit Steh- und Laufbandschreibtischen fasst zusammen, dass das Tippen und Benutzen der Computermaus auf dem Laufband verlangsamt ist, sodass auch die Produktivität leidet.[99]

Wie wir später noch vertiefen werden, war Buddha kein großer Fan von Multitasking (S. 127). Ein Tag an einem Steh- oder Laufbandschreibtisch mag immer noch besser sein als ein Tag unablässigen Sitzens, doch noch besser ist es, den Tag sowohl mit Sitzen als auch mit gelegentlichen Spaziergängen oder anderen körperlichen Aktivitäten zu verbringen. Das mag als unvorstellbarer Luxus erscheinen, doch mit etwas Planung lassen sich solche kleinen Spaziergänge häufig in einen Arbeitstag einbauen. Ich hatte einmal einen Job, der viele Vier-Augen-Gespräche mit verschiedenen Mitarbeitern erforderte, und ich konnte nahezu alle davon überzeugen, diese Gespräche während eines Gangs durch das Gebäude zu führen. An besonders vollgepackten Besprechungstagen habe ich so routinemäßig um die 15 Kilometer absolviert! In einem anderen Job gab es in dem ziemlich überfüllten Arbeitsbereich kaum Platz zum Umherlaufen, aber ich konnte im Haus ein Stockwerk finden, das noch nicht fertig ausgebaut war und wo ich mit meinen Kollegen in den leeren Räumen Runden drehte. Und in einem anderen Fall hielt ich Geh-Meetings auf dem Parkplatz ab. Die meisten empfinden das Gehen während des Redens natürlicher als die Laufbandversion, bei der man während des Arbeitens läuft. Mir geht es auf jeden Fall so.

Zwischen Achtsamkeit und körperlicher Aktivität scheint zudem eine schöne Synergie zu bestehen. Forscher der University of Louisville untersuchten die Mitglieder des örtlichen YMCA und fanden bei denjenigen mit einer ausgeprägteren Achtsamkeit auch eine bessere Fähigkeit, regelmäßig ein Bewegungsprogramm zu absolvieren.[100] Sie schlossen daraus, dass irgendetwas an der »unvoreingenommenen, gegenwartsfokussierten Aufmerksamkeit«, die sich durch Achtsamkeitstraining entwickelt, den nur allzu üblichen »Rückfall« zu vermeiden half, bei dem alle guten Vorsätze nach ein paar Wochen (oder weniger!) auf der Strecke bleiben. Dasselbe beobachteten auch Forscher, die Achtsamkeit bei Diäten einsetzten: Frauen, die Achtsamkeitskurse besuchten, trainierten sechs Monate später etwa dreimal mehr in der Woche.[101] Es scheint, als ermuntere uns das Ausüben von Achtsamkeit dazu, aktiv zu bleiben – was vielleicht mit der Entwicklung einer besseren Aufmerksamkeit für den Körper und seine Bedürfnisse zusammenhängt. Als Wissenschaftler in Eugene, Oregon, nach Freiwilligen suchten, um Langzeitmeditierende, die körperlich aktiv waren, mit solchen zu vergleichen, die es nicht waren, fanden sie *keinen einzigen* ausschließlich sitzenden Meditierenden![102] Die Forscher erklären: »Alle Meditierenden gaben die gewohnheitsmäßige Ausübung irgendeiner moderaten körperlichen Aktivität an.«

Gleichzeitig scheint die körperliche Aktivität auch unsere Aufmerksamkeit zu steigern, genauso wie die Achtsamkeit die körperliche Aktivität verbessert. In einer finnischen Studie war »die Achtsamkeitsfähigkeit bei körperlich Aktiven besser als bei körperlich inaktiven Erwachsenen.«[103] Und, wie schon in Kapitel »Aufmerksam sein« (S. 42) erwähnt, hat Achtsamkeit selbst schon ihren ganz eigenen Nutzen, der dem körperlicher Aktivität ähnlich ist und diese ergänzt. Damit lässt sich erklären, warum japanische Zen-Mönche – die sehr viel perfekter endlose Stunden lang stillsitzen als der engagierteste Büroangestellte – dennoch eine überdurchschnittlich gute Allgemeingesundheit aufweisen.[104]

Doch es hat noch mehr Vorteile als nur die rein körperlichen, wenn es gelingt, in den Arbeitstag eine bewegungsreiche Pause einzulegen. Zuerst einmal sorgt es für natürliche Pausen im Arbeitsalltag – im letzten Kapitel (S. 62) haben wir uns mit der Wichtigkeit von Pausen schon ausführlich befasst. Zweitens hilft die Unterbrechung der sitzenden Phasen dabei, die negativen Auswirkungen des Sitzens aufzuheben.[105] Und drittens gibt es noch einen Zusatznutzen, wenn Sie eine Möglichkeit finden, die Übungen zusammen mit Kollegen zu machen. Nachdem drei dänische Krankenhäuser ein Bewegungsprogramm am Arbeitsplatz eingeführt hatten, waren die Teilnehmenden nach der Arbeit energiegeladener und litten unter weniger Schmerzen.[106]

Aber wie viel körperliche Aktivität sollte es sein? Die Antwort wird für jeden anders ausfallen. Es gibt genauso das Risiko, sich zu übernehmen, wie auch, zu wenig zu tun. Buddhas Rat wäre, das Extrem zu meiden. Wie eine kürzlich veröffentlichte Studie folgert: »Moderate körperliche Aktivität scheint der Sweet Spot, die effektive Zone, zu sein«, wenn Sie Gesundheit und ein langes Leben anstreben.[107] Regelmäßiges Hochleistungstraining kann kontraproduktiv sein – doch lassen Sie das bloß nicht als Entschuldigung für ein Leben in der Sitzposition zu! Oder wie der weise indische Buddhist Shantideva warnt: »Je mehr der Körper geschont wird, desto anfälliger wird er und desto mehr degeneriert er.«[108] Sich selbst ein bisschen anzutreiben, ist eine gute Sache.

Für die meisten von uns hält die Wissenschaft so etwas wie »eine kurze, gemächliche Joggingrunde ein paarmal die Woche« für angemessen.[109] So ziemlich jede Art von körperlicher Bewegung scheint zu helfen! Eine Studie aus Kanada stellt fest, dass Angestellte, die mit dem Fahrrad zur Arbeit kamen, weniger gestresst als die Autofahrenden waren.[110]

Zu meiner eigenen Routine gehört jeden Morgen als Erstes mein gut eineinhalb Kilometer langer Lauf. Ich bin kein besonders schneller Läufer, deshalb brauche ich dafür etwas mehr als zehn Minuten inklusive eines kleinen vorangehenden Warm-ups. Ich habe eine Rundstrecke dieser Länge in meinem Viertel ausgetüftelt, sodass ich morgens nur aufstehen, mich anziehen und diese schnelle Runde noch vor meiner ersten Tasse Tee drehen kann – oder meiner ersten E-Mail. Es ist zwar nicht viel, aber ich kann Ihnen versichern, dass das für meine mentale und körperliche Gesundheit einen Unterschied macht.

Buddha nahm sich täglich Zeit für körperliche Aktivitäten und auch Sie sollten das tun. Das Entscheidende daran ist, dass es so wichtig ist, etwas für den Körper zu tun. Unsere körperliche Form ist kostbar. Der Mönch Shantideva schrieb dazu, dass »der Körper wie ein Objekt auf Pump« sei.[111] Alles, was wir in diesem Leben tun – arbeiten, spielen, lieben, sogar meditieren –, wird mit diesem Körper getan. Und die beste Art, für ihn zu sorgen, ist die der Londoner Schaffner – und Buddhas selbst. Sie müssen in Bewegung bleiben.

Die körperliche Aktivität ist unerlässlich für ihre körperliche Gesundheit, Ihr mentale Gesundheit und Ihre Arbeitsproduktivität. Finden Sie heraus, welche Art der körperlichen Aktivität zu Ihnen passt. Verpflichten Sie sich selbst dazu, sie regelmäßig auszuüben. Finden Sie eine Aktivität, die Sie bei der Arbeit ausüben können, und sei es nur, um das Büro oder den Block zu gehen. Ihr Körper wird es Ihnen danken, Ihr Geist wir es Ihnen danken, und vielleicht wird es Ihnen sogar Ihr Chef danken.

Kapitel 10: Schlafen, um zu erwachen

Zu Buddhas Lebzeiten gab es weder Smartphones noch Computer, Fernseher, Radios oder elektrisches Licht – ja, noch nicht einmal Bücher und Zeitschriften. Alles, was man nach Sonnenuntergang noch tun wollte, musste man bei Laternenlicht tun und das Lampenöl war teuer. Man kann davon ausgehen, dass das Leben nach Anbruch der Dunkelheit ziemlich langweilig gewesen sein muss. Zwischen Sonnenunter- und -aufgang war wenig zu tun, mit Ausnahme von Schlafen.

Wahrscheinlich hat sich Buddha deshalb viel mehr Gedanken darüber gemacht, dass seine Anhänger *zu viel* und nicht *zu wenig* schlafen könnten. In einer Unterweisung, die er vor Laien hielt, finden wir folgende Verse:

Lange schlafen, Ehebruch begehen,
Streit anzetteln, Schaden zufügen,
schlechte Freunde und Geiz sind die
sechs Dinge, die einen Mann zerstören.[112]

Und es ging noch schlimmer. An anderer Stelle urteilt er strenger, als er sich über »solche faulen und gefräßigen Einfaltspinsel, die schlafen und sich wie ein fettes, getreidegefüttertes Schwein herumwälzen.«[113] beklagt. Autsch!

Das ist heutzutage ziemlich anders. Durch die unendlichen Ablenkungen, deren wir uns mit bloßem Fingertippen bedienen können, wächst sich heute eher zu wenig als zu viel Schlaf zu einer Epidemie aus. Die Bestsellerautorin Arianna Huffington beschreibt in ihrem Buch *Die Schlaf-Revolution* ihren eigenen sprichwörtlichen Kollaps durch chronischen Schlafmangel, durch den ihr Körper und Geist so ausgelaugt waren, dass sie zusammenbrach. »Und als ich das Bewusstsein wiedererlangte, lag ich in einer Blutlache«, schreibt sie. [114] Für die meisten mag der Weckruf nicht ganz so dramatisch sein, doch ein Lebenswandel mit drei oder vier Stunden Schlaf täglich und nahezu pausenlosen Kaffeeeinflößungen klingt für viele sicher ziemlich vertraut. Etwa sechs Prozent der US-Amerikaner berichten, an einem typischen Werktag weniger als fünf Stunden Schlaf zu bekommen, bei etwa 40 Prozent sind es weniger als sechs Stunden. Solche kurzen Schlafperioden sind mit allem Möglichen, von Adipositas und Diabetes bis zu dem erhöhten Risiko von Herzerkrankungen, Krebstod und sogar Selbstmord, assoziiert.[115] Auch, wenn wir die extremsten Spitzen meiden, kann uns Schlafmangel noch immer übergewichtig und unzufrieden zurücklassen.*

Auch am Arbeitsplatz hat der Schlafmangel seine negativen Auswirkungen. Wir halten uns für heldenhaft, wenn wir noch eine Stunde mit E-Mails und Protokollen herausschinden, obwohl wir eigentlich längst im Bett sein sollten, doch das Gegenteil ist wahrscheinlicher. Ein Überblick über die neuesten Schlaflosigkeitsstudien zeigt, dass Schlaflosigkeit »durchweg verbunden ist mit übermäßigen Arbeitsausfällen« wie auch mit einem höheren Unfallrisiko und reduzierter Produktivität. Statt uns im Büro zu Superstars zu machen, kann Schlafmangel die »Entwicklung der Karriere behindern« und die »Zufriedenheit im Job mindern.«[116] Eine Studie errechnete, dass der durchschnittliche US-amerikanische Beschäftigte jedes Jahr aufgrund von Schlafmangel das Äquivalent von 7,8 Produktivstunden verliert, was den Arbeitgeber pro Angestellten jeweils ungefähr 2 280 Dollar kostet.[117] Eine andere Studie setzt 3 156 Dollar für den »müdigkeitsbedingten« Produktivitätsabfall von Schlaflosen an – mehr als das Doppelte als für Angestellte mit gutem Schlaf.[118] Für die Unternehmen geht es aber nicht nur um die Kosten. In einer neueren Wirtschaftsanalyse sorgt eine um lediglich eine Stunde längere Schlafdauer »kurzfristig gesehen für 1,1 Prozent und langfristig für fünf Prozent mehr Einkommen«, obwohl mehr zu schlafen weniger Zeit zum Arbeiten lässt.[119] Das ist eine ganze Menge Geld – und dabei sind noch nicht

* Mein erstes Buch »Wie Buddha das Intervallfasten erfand« (mit Co-Autorin Tara Cottrell) befasst sich in einem ganzen Kapitel damit, wie uns schlaflose Nächte übergewichtig machen.

einmal die Ersparnisse durch seltenere Starbucks-Besuche eingerechnet.

Die Heilung ist einfach, aber nicht leicht: mehr Schlaf. Wie schaffen Sie das?

Sie müssen damit beginnen, dem Schlaf mehr Priorität zuzugestehen. Sie sollten sich genauso um das Zu-spät-ins-Bett-Gehen sorgen wie darum, zu spät zur Arbeit zu kommen – vielleicht sogar ein bisschen mehr, denn der Schlafverlust wird sich am nächsten Tag auch bei der Arbeit rächen. Legen Sie fest, wann Sie morgens aufstehen wollen, und rechnen Sie acht Stunden zurück. Das ist die *spätestmögliche* Zeit, zu der Sie zu Bett gehen sollten, denn eigentlich sollten Sie dann sogar schon eingeschlafen sein.

Schaffen Sie sich ein Zubettgeh-Ritual. Für manche Menschen bewährt es sich, zu lesen, am besten auf echtem Papier (weiter unten dazu mehr). Andere schreiben lieber in ihr Tagebuch oder trinken eine Tasse Kräutertee. Ein alkoholischer Drink wird Sie zwar beim Einschlafen unterstützen, stört aber den Schlaf[120] (neben anderen Problemen). Essen Sie auch nicht spätabends noch etwas und versuchen Sie, tagsüber ein wenig körperlich aktiv zu sein (wie schon erwähnt). Beides ist sehr schlaffördernd.

Und es gibt noch ein paar weitere No-Gos. Das Wichtigste, was Sie tun können, ist vermutlich, nachts weder Smartphone noch Computer und andere elektronische Geräte zu verwenden. Etwa 90 Prozent aller Amerikaner nutzen in der letzten Stunde vor dem Schlafengehen ein elektronisches Gerät,[121] wobei »interaktive« Geräte wie Smartphones und Laptops die meisten Schlafstörungen verursachen. Doch selbst die scheinbar harmlosen E-Books und E-Reader können problematisch sein. Studien zeigen, dass Menschen, die diese Geräte benutzten, üblicherweise »länger brauchten, um einzuschlafen, und am Abend weniger schläfrig« sowie »am nächsten Morgen weniger wach« waren, verglichen mit den Lesern eines gedruckten Buches.[122] Selbst das gedimmte Licht der Geräte unterdrückt das Schlafhormon und stört damit den natürlichen Schlafrhythmus. Es gibt keine Alternative, als solche Geräte ganz auszuschalten. Glauben Sie mir das.

Als Nächstes brauchen Sie Dunkelheit. Einfach ausgedrückt ist Ihr Gehirn darauf programmiert, im Dunklen zu schlafen und im Hellen aufzuwachen. Dieses natürliche Bestreben zu unterwandern kann im zirkadianen Rhythmus ein Chaos anrichten. Eine Überblicksstudie über neuere Forschungsergebnisse zeigt, dass es allerlei Schlafprobleme verursacht, in der Nacht hellem Licht ausgesetzt zu sein.[123]

Dimmern Sie vor Ihrer vorgesehenen Schlafenszeit das Licht und wenn es Ihnen nicht möglich ist, Ihr Schlafzimmer gut abzudunkeln (oder Ihr Bettpartner immer lange aufbleibt), dann investieren Sie ein paar Euro in eine ordentliche Schlafmaske. Sie werden erstaunt sein, was das für einen Unterschied ausmacht.

Wenn Sie nachts einfach nicht ausreichend Schlaf bekommen, dann sind kurze Nickerchen im Laufe des Tages eine gute Alternative. So ein Nickerchen wurde lange mit Faulheit assoziiert, aber glücklicherweise verschwindet dieses Stigma heute allmählich. Vieles weist darauf hin, dass uns so ein Powernap produktiver machen[124] und die nachfolgende Arbeitsleistung verbessern kann.[125] Entscheidend ist, ein ruhiges Plätzchen zu finden und nicht *zu* lange zu schlafen. Die meisten empfinden 15 bis 30 Minuten als angemessen. Auch die schon erwähnten Schlafmasken können hier sehr hilfreich sein.

Übrigens war auch Buddha mit dem schlechten Ruf eines Nickerchens konfrontiert. Es gibt die Geschichte, in der ihn einer seiner Mönche dafür kritisiert, ein Schläfchen eingelegt zu haben, indem er behauptet, andere Lehrer bezeichneten so ein Verhalten als »Wohnen in der Illusion«.[126] Unter den alten indischen Meistern war das anscheinend eine ziemliche Beleidigung und keine, die Buddha auf die leichte Schulter nahm. Buddha rechtfertige sich damit, dass es ein heißer Tag sei und er gerade erst gegessen habe – und überhaupt gehe es darum, wer erleuchtet sei und nicht darum, wer ein Schläfchen halte. (Nebenbei: Buddha war immerhin erleuchtet und der Mönch nicht.)

Buddha hielt den erholsamen Schlaf für eine der positiven Auswirkungen von Meditation. In einem Bericht erklärt er: »Der Friedfertige schläft gut, er hat den geistigen Frieden gefunden.«[127] An anderer Stelle führt er die Aussage näher aus, dass man nach der »Befreiung des

Geistes« durch Meditation »gut schläft, zufrieden erwacht [und] keine schlechten Träume« hat,[128] neben vielen anderen Vorteilen, zu denen gehöre, anderen Menschen zu gefallen, was auch nicht schlecht klingt.

Meditation zeigt auch heute diese Ergebnisse. Eine klinische Studie konnte nachweisen, dass Patienten, die an einem sechswöchigen Meditations-Workshop teilnahmen, nicht nur ihren Schlaf verbesserten, sondern auch unter weniger Depressions- und Erschöpfungssymptomen litten.[129] Ebenso konnten andere Studien signifikante Verbesserungen bei »Schlaflosigkeit und Schlafstörungen« durch Achtsamkeitsübungen feststellen.[130]

Es liegt ganz bei Ihnen, ob Sie nun vor dem Zubettgehen meditieren wollen oder nicht. Manche stellen fest, dass es Ihnen dabei hilft, den Geist zu klären und auf den Schlaf vorzubereiten. Andere wiederum werden dadurch wacher und lebendiger. Für sie ist das morgendliche Meditieren die bessere Wahl. In traditionellen buddhistischen Klöstern wird beides durchgeführt, mit organisierten Meditationssitzungen als Erstes am frühen Morgen und als Letztes, bevor die Lichter gelöscht werden.

Was aber, wenn Sie im Bett liegen, im Dunklen, am späten Abend nichts mehr gegessen haben, sich von Alkohol und Koffein ferngehalten haben, körperlich aktiv waren und trotzdem nicht einschlafen können? Auch, wenn Sie keine formelle abendliche Meditation durchführen, können ein paar Techniken helfen, über die wir bereits gesprochen haben. Legen Sie sich im Bett in eine bequeme Position und entspannen Sie nach und nach jeden Muskel, beginnen Sie mit den Zehen und arbeiten Sie bis zum Kopf hoch. Dann hören Sie nur auf Ihren Atem und versuchen Sie, an nichts zu denken. Betrachten Sie Ihre Gedanken, wie sie kommen und hängen Sie ihnen nicht nach. Lassen Sie Ihr Telefon, wo es ist, selbst, wenn Ihnen gerade eine Nachricht einfällt, die Sie noch nicht beantwortet haben. Erinnern Sie sich daran, dass es jetzt nichts Wichtigeres gibt, als alles loszulassen und einzuschlafen.

Sie werden einige Versuche brauchen, bis Sie eine Routine entwickelt haben, die für Sie funktioniert. Geben Sie nicht auf. Schlaf ist eines der größten Geschenke, die Sie sich selbst machen können. Sie werden besser arbeiten und sich wohler fühlen. Machen Sie sich einmal bewusst, dass Sie nicht aufwachen können, wenn Sie nicht vorher geschlafen haben.

Kapitel 11: Die Wahrheit sagen

Viele Religionen kennen Vorschriften, die das Lügen untersagen. Im Alten Testament gehört das Nicht-Lügen zu den Zehn Geboten (es ist, je nach Quelle, das achte oder neunte)* und im Islam zählt das Lügen zu den Todsünden. Der Buddhismus bildet keine Ausnahme. Buddha bestand darauf, dass jeder Mönch, der vorsätzlich log, seine Falschaussage gestand.[131] An anderer Stelle betrachtet er das Lügen ebenso wie Morden, Stehlen und Ehebruch als etwas, das jeder zu unterlassen hat – Mönche, Nonnen und Laien gleichermaßen.[132]

Aber Sie brauchen weder mich noch Buddha für die Erkenntnis, dass Sie nicht lügen sollen, weder im Allgemeinen noch im Job im Besondern. Sie wissen das auch so schon. Und trotzdem sagen wir bei der Arbeit oft nicht die Wahrheit – insbesondere in brenzligen Situationen. In einer Studie heißt es, der durchschnittliche Erwachsene lüge mindestens einmal am Tag.[133] Und die Tendenz zur Lüge ist bei der Arbeit vermutlich um einiges stärker als im sozialen Umfeld.[134] Vor schwierigen Fragen schützen wir uns oder weichen aus. Wir geben nichtssagende oder vage Antworten, statt unsere ehrlichen Gedanken auszusprechen. Wir nicken in vermeintlichem Einverständnis, wenn unser Chef irgendetwas Blödes sagt. Aber warum?

Die bekannte Autorin und Führungskräfte-Coachin Kim Scott begründet das damit, dass wir unser ganzes Berufsleben hindurch lernen, »Konflikte oder Peinlichkeiten zu vermeiden«.[135] Uns wird beigebracht, dass wir, um Erfolg zu haben, mit jedem zurechtkommen müssen und keine Schwierigkeiten machen dürfen. Das bedeutet aber auch, unangenehme Wahrheiten zu meiden. Dabei sind, so Scott, die Folgen von Ehrlichkeit meistens sehr viel positiver, als wir befürchten, selbst wenn wir unangenehme Nachrichten vermitteln: »Man fürchtet, die anderen könnten wütend oder nachtragend sein, stattdessen

---

* Für Katholiken und Protestanten ist es im Allgemeinen das achte, für Juden, orthodoxe Christen, Calvinisten und Anglikaner das neunte. Die Bibel nummeriert sie nicht eindeutig.

sind sie in der Regel *dankbar* für die Chance, die Sache zu besprechen.« Letztlich wird niemand gerne belogen.

Doch es gibt Abstufungen beim Ehrlichsein, auch das war Buddha bewusst. Nur weil etwas wahr ist, muss man es nicht auch auf der Stelle ansprechen. Das ist etwas, was ich meiner Großmutter nie klarzumachen in der Lage war. Sie konnte einfach nicht damit hinterm Berg halten, was sie wirklich von meinen Entscheidungen hielt – ob es jetzt um einen Pullover oder meine Berufswahl ging. Ich hatte auch eine Menge Kollegen, die dazu genauso wenig fähig waren. Sie nahmen jede Gelegenheit wahr, ihre Mitarbeiter herabzusetzen, indem sie auf jeden noch so harmlosen Fehler unter dem Deckmäntelchen ehrlichen Feedbacks hinwiesen. Ehrlich zu sein heißt aber nicht, ein mieser Saftsack sein zu müssen.

Buddha verlor eine Menge Worte über das, was »rechtes Reden« bedeutet und für ihn einen wesentlichen Teil des Weges zum Nirwana darstellte. Die Wahrheit war ein Puzzleteilchen dieses Weges. Buddha wollte, dass wir uns Folgendes fragen, bevor wir etwas sagen, und sei es noch so wahr: Ist es hilfreich? Ist jetzt der richtige Zeitpunkt? Und ist es freundlich?[136]

Lassen Sie uns zuerst über das Hilfreiche sprechen. Wenn ein Kollege bei der Arbeit mit abscheulichen Schuhen aufkreuzt, dann sind Sie keineswegs dazu verpflichtet, ihn darauf hinzuweisen. Wenn ein inkompetenter Kollege rausgeworfen wird, müssen Sie nicht sagen: »Erstaunlich, dass du so lange durchgehalten hast.« Die Frage ist nicht, ob genau diese Aussagen stimmen, sondern auch, ob sie etwas sind, was die betroffene Person hören muss.

Die meisten besitzen nur eine begrenzte Fähigkeit, Kritik aufzunehmen. Wenn Sie um ein Feedback zu einer völlig desaströsen Präsentation oder einem ebensolchen Bericht gebeten werden, dann geben Sie lieber nur zu ein oder zwei Punkten Rückmeldung, bei denen der Kollege am meisten verbessern kann, und sparen Sie sich den Rest für die nächste Feedbackrunde auf. Wenn Sie ein Mitarbeiter um Ihr Feedback bittet, dann klären Sie am besten zunächst, was er genau von Ihnen erwartet. Wenn er sich einfach nur ein Daumen-hoch oder Daumen-runter wünscht, dann begrüßt er es wahrscheinlich nicht, ein mit Grammatik- und stilistischen Korrekturen markiertes Dokument zurückzubekommen.

Genauso kann auch niemals etwas am Arbeitsplatz wirklich abgeschlossen werden, wenn wir die immer gleichen Fragen wieder und wieder durchkauen. Was ich mir stets selbst klarmachen muss: Wenn ich mit einer Gruppe cleverer, ambitionierter Menschen zusammenarbeite, ist die zweitbeste Lösung fast so gut wie die beste.* Selbst dann, wenn ich mir einer Sache völlig sicher bin, ist es ab einem gewissen Punkt besser, diese Uneinigkeit beiseitezuschieben, damit das Team weitermachen kann. Sobald sich herausstellt, dass weitere Diskussionen bei niemandem zu einem Meinungsumschwung führen werden, ist es nicht hilfreich, die Meinungsverschiedenheit weiter zu thematisieren.

Buddha machte sich ebenfalls über das *Wann* wie auch das *Was* Gedanken. Wie eben schon erwähnt, kann es besser sein, weitere Bedenken für sich zu behalten, wenn ein Team mit immer wiederkehrenden Fragen hadert. Dazu kommt, dass viele Menschen auf öffentliche Kritik nur schlecht reagieren, deshalb kann ein großes Gruppenmeeting der falsche Ort für das Angebot eines Feedbacks zu deren Arbeit sein, ungeachtet aller guten Absichten. Wenn jemand gerade einen Rüffel vom Chef bekommen hat, dann könnte das der falsche Zeitpunkt sein zu gestehen, dass man dem Gesagten in vielen Fällen zustimmt. Und wenn jemand soeben eine wichtige Kundenpräsentation hinter sich gebracht hat, dann könnte das der falsche Zeitpunkt sein, ihm zu sagen, wie schlecht es gelaufen ist. Diese Menschen werden das noch früh genug herausfinden und falls nicht, können Sie es auch noch später anbringen.

---

* Wenn ich aber *nicht* mit einer Gruppe cleverer, ambitionierter Menschen zusammenarbeite, dann könnte es Zeit sein, zu gehen. Können Sie nicht darauf vertrauen, dass die zweitbeste Entscheidung in der Regel noch immer eine gute ist, dann hegen Sie vermutlich tiefere Zweifel gegen dieses Team oder diese Arbeit, was angesprochen werden sollte.

Ihnen werden sicher noch viel mehr Beispiele einfallen. Das Richtige zum falschen Zeitpunkt zu sagen, ist oft schlimmer, als gar nichts zu sagen – besonders dann, wenn wir uns bewusst sind, dass die Wahrheit nicht einfach zu verdauen sein wird. Deshalb fand es Buddha genauso wichtig, denn richtigen Zeitpunkt für ein Feedback abzupassen, wie die Wahrheit zu sagen. Er sagt es so: »Mir aber [...] gefällt [...] derjenige als der Höhere und Edlere, der tadelt, wem Tadel gebührt, der Wahrheit und Wirklichkeit gemäß, zur rechten Zeit; und der lobt, wem Lob gebührt, der Wahrheit und Wirklichkeit gemäß, zur rechten Zeit.«[137] Mit anderen Worten: Für Lob oder Tadel ist der rechte Zeitpunkt ausschlaggebend.

Buddhas letzte Unterweisung über die »rechte Rede« ist vielleicht die schwierigste, aber auch die wichtigste: Sie müssen freundlich sein. Es geht nicht darum, alles zuckersüß zu verpacken, aber selbst die direkteste Kritik kann »höflich ausgesprochen« werden, und, wie Buddha es nennt, »aus einer liebevollen Gesinnung« kommen.[138]

Als Wichtigstes sollte man sich immer vor Augen halten, dass man für die Person Sorge trägt, und sich die Kritik an der Arbeit sparen. Egal, wie schlecht ein Job erledigt werden mag, es sind Menschen, die Ihren Respekt verdienen. Diesen Respekt sollten Sie ihnen in *jeder* Interaktion deutlich machen, nicht nur dann, wenn Sie Kritik loswerden wollen. Sie bauen Vertrauen zu Ihren Kollegen auf, wenn Sie ihnen täglich Zuwendung schenken – Sie nach ihren Partnern und Kindern fragen, sich nach einer Krankheit oder einem Unglück nach dem Wohlergehen erkundigen und auch nach einem kürzlich verbrachten Urlaub.

Die Kollegen wollen als ganze Menschen wahrgenommen werden und werden auf Kritik viel aufgeschlossener reagieren, wenn sie wissen, dass der ehrliche Wunsch zu helfen dahintersteht.

Dasselbe gilt auch, wenn wir selbst auf der empfangenden Seite eines Feedbacks stehen. Versuchen Sie, Kritik als Betrachtung Ihrer Arbeit und nicht Ihrer selbst zu verstehen, auch dann, wenn der kritisierende Mitarbeiter selbst nicht fähig ist, diese Unterscheidung zu machen. Und ob Sie dem Feedback nun folgen können oder nicht – lassen Sie die Diskussion nicht persönlich werden. Buddha riet, die Menschen, die Kritik an uns üben – wie harsch auch immer sie sein mag – nicht zu hassen. Er spricht sich sogar dafür aus, selbst den nicht zu hassen, der Sie »barbarisch Glied für Glied mit einer Doppelgriffsäge in Stücke teilen würde«[139] – wie es sich durchaus anfühlen kann, wenn man bei der Arbeit unter Beschuss steht.*

Zudem sollte man sich bewusst machen, dass es für die meisten sehr viel schwerer ist, von Angesicht zu Angesicht schonungslos zu werden, als über E-Mail, Textnachrichten oder Telefon. Deshalb ist es sicherer, Kritik persönlich anzubringen. Vor einem Jahr hatte ich einen Chef, der mich anwies, niemals etwas Negatives per E-Mail zu transportieren – eine Anweisung, die ich regelmäßig vergaß, was ich immer sofort bedauerte. Es ist nicht nur schwer, die eigene Ausdrucksweise einzuschätzen, wenn wir elektronisch kommunizieren, wir bekommen auch all die subtilen Signale nicht mit, mit denen zusammen unser Feedback von unserem Gegenüber aufgenommen wird. Wenn wir körperlich anwesend sind, können wir normalerweise wahrnehmen, was die andere Person hört, und nicht nur das, was wir glauben zu sagen. Wir können unseren Ton anpassen und unsere Ausdrucksweise verändern, wenn wir spüren, dass etwas nicht so ankommt, wie wir es gemeint haben.

Diese Freundlichkeitslektionen sind für Manager und Vorgesetzte etwas heikel, denn deren Job ist es, eine ehrliche Rückmeldung zu geben. Viele von ihnen sind zu eifrig dabei, besonders freundlich zu sein, was zu einer – wie Autorin Kim Scott es nennt – »ruinösen Empathie« führt, die »für den größten Teil der Managementfehler verantwortlich« ist, die sie in der Unternehmenswelt ausmacht.[140] Das hauptsächliche Ziel eines Feedbacks ist nicht, dass sich jemand besser fühlt,** sondern ihn dabei zu unterstützen, besser zu arbeiten. Gut

---

* Bei akuten Gliedmaßverletzungen sollten Sie auf jeden Fall jemanden in der Personalabteilung informieren.

** Es gibt dafür ein paar Ausnahmen. Ich hatte Kollegen, die Krebs hatten, bei denen eine nahestehende Person krank war oder starb oder die eine schmerzhafte Trennung erlebten. Solche Situationen sind nicht der richtige Zeitpunkt für kritisches Feedback. Hier liegt die Priorität darauf, Geborgenheit anzubieten; die arbeitsbezogene Kritik kann warten.

übermittelt, kann ein ehrliches Feedback beides erreichen. Noch einmal: Das Entscheidende ist, direkt zu sein und mit Kritik nur auf die Arbeit zu zielen, nicht auf die Person. Der große indische buddhistische Lehrer Shantideva fasste Buddhas Richtlinien folgendermaßen zusammen: »Man sollte selbstbewusst, mit angemessenen Worten, klar in der Bedeutung, den Geist erhellend, das Ohr erfreuend, sanft und langsam und mit Mitgefühl sprechen.«[141] Wenn Sie diese Art Feedback abgeben können, dann sind Sie auf dem Weg zu einem sehr guten Vorgesetzten.

Um eines zu verdeutlichen: Buddha hat diese Dinge nicht als Lizenz zum Lügen betrachtet. In den traditionellen Klosterregeln gibt es nur sehr wenige Ausnahmen von der Regel, nicht Lügen zu dürfen. Buddha räumte ein, dass wir manchmal zu hastig sprechen und dadurch Fehler machen.[142] Eine andere Ausnahme machte er für den Fall, dass wir uns versprechen, wenn wir etwas sagen, aber etwas anderes meinen. In beiden Fällen sollten wir, wenn möglich, den Fehler korrigieren, doch er wird nicht als Verstoß gegen Buddhas Regeln angesehen. Diesen winzigen Spielraum räumte Buddha ein. In einer Unterweisung, die er seinem Sohn gab, sagte er: »Ich würde eine falsche Behauptung noch nicht einmal zum Spaß aussprechen.«* [143]. Huch!

All diese Überlegungen stellte Buddha hauptsächlich an, um uns dazu zu ermutigen, erst zu denken, bevor wir sprechen. Denken Sie daran, dass weniger sehr oft mehr ist. Buddha war ein großer Fan der Stille und wusste, wann eine Pause nötig war. Wie in diesem Buch schon häufig gesagt, ist der beste Weg der von Bedacht und Ausgeglichenheit. Denke, bevor du sprichst, und wähle den richtigen Zeitpunkt und Ort wie auch die richtigen Worte. Wie Buddha in anderer Stelle sagt: »Ein bedeutsames Wort, das einmal gehört den Frieden bringt, ist besser als tausend bedeutungslose Aussagen.«[144]

---

* Wie wir in Kapitel »Besser als Buddha balancieren« (S. 115) noch ausführen werden, war Buddha kein guter Vater. Doch sein Sohn wurde letztlich auch zum Mönch ordiniert und trat Buddhas Sangha bei, und Buddha tat sein Bestes, ihn zu unterrichten.

Kapitel 12: Streitende Buddhas

Von Buddhas Liebe zur Wahrheit wissen Sie bereits. Nun wird es Sie vielleicht erstaunen zu erfahren, dass er sich viele Gedanken um das Streiten machte. Als eines der größten Vergehen galt nach den Klosterregeln das »Verursachen einer Spaltung« in der Sangha – vor allem das Ausufern von Auseinandersetzungen. Sehr wahrscheinlich hatte er den Untergang anderer Yoga- und Meditationsschulen im damaligen Indien mitbekommen und wollte vermeiden, dass seine Anhänger in dieselbe Falle tappten. Ihm war auch bewusst, dass jede Gruppe von Menschen, die viel Zeit miteinander verbringen, anfällig für Streitereien ist – besonders dann, wenn sie gelobt haben, die Wahrheit zu sagen, wie es Buddha von seinen Anhängern verlangte. Als er die fünf »schweren Taten« benannte, die unmittelbar zur Wiedergeburt in der Hölle führen, war das ausufernde Streiten, das zu einer Spaltung führt, genauso dabei wie der Muttermord.[145] Er hielt es schlicht für genauso schlimm.

Buddha wusste, dass eine gesunde Art der Auseinandersetzung für das Überleben seiner Gemeinde unentbehrlich war. Seine Mönche und Nonnen mussten lernen, Meinungsverschiedenheiten mit anderen auf konstruktive Weise auszutragen und solche Dispute freundschaftlich zu lösen. So wie für das Kloster gilt das auch für den Arbeitsplatz. Eine gewisse Menge an Konflikten im Job ist sicher unvermeidbar, doch ungelöst können sie außer Kontrolle geraten. Solche Dispute beginnen vielleicht mit scheinbar harmlosen »Arbeitskonflikten«, wesentliche Uneinigkeiten darüber, wie ein Arbeitsschritt ausgeführt werden sollte. Unschön wird es dann, wenn das in einen »Beziehungskonflikt« mündet – oder anders gesagt: Wenn es persönlich wird.[146]

Buddhas Rat an seine Mönche beinhaltet ein solides Wissen, das wir bei der Arbeit anwenden sollten. Das Wichtigste: Kämpfe fair. Buddha erklärt dazu, wenn jemand nach irgendetwas frage, dann sei niemals die richtige Reaktion darauf, dass man »ihn herabsetzt und lächerlich macht, sich an ein bloßes Versehen klammert.« Kurz gesagt: Seien Sie kein Rüpel. Buddha bezeichnete jeden, der sich solcher Techniken bediente, als »ungeeignet zum Gespräch.«[147] Dieser Meinung bin ich auch.

Genauso wichtig ist es, sich auf das Konzept und nicht auf den Menschen zu konzentrieren. Wie schon erwähnt, legte Buddha großen Wert auf die Wahrheit. Es geht nicht darum, *wer* Recht hat – sondern es zählt, *was* Recht ist. Das Ziel einer Diskussion oder eines Streits bei der Arbeit sollte niemals sein, zu »gewinnen«, sondern die Wahrheit herauszufinden.

Aus diesem Grund hat es keinen Wert, rhetorische Punkte zu sammeln oder einen unbeabsichtigten Fehler aufzudecken. Egal, welche Fähigkeiten unser Gegenüber hat, wir sollten immer gegen die bestmögliche Version der gegnerischen Sicht argumentieren. Wenn sich in meinem Team zwei Leute nicht einig werden können, dann bitte ich sie manchmal um eine kleine Übung, bei der sie ihr Bestes tun müssen, um die gegnerische Sicht zusammenzufassen. Dazu gezwungen zu sein, sich in die gegnerische Logik hineinzudenken und diese Position so wohlwollend wie möglich zu schildern, hilft oft dabei, einen gemeinsamen Nenner zu finden. Sie könnten sich sogar von diesen Argumenten überzeugen lassen und Ihre Meinung ändern!

Das alles führt uns zum Thema Meetings. Fast niemand wird am Ende eines Tages zurückblicken und denken: »Ich wünschte, ich hätte mehr Meetings gehabt.« Doch ein großer Teil der Arbeit wird in vielen Unternehmen über Meetings erledigt. Und Meetings sind auch der Ort, an denen die meisten Auseinandersetzungen stattfinden.

Wie bei so vielem in diesem Buch, ist sowohl ein Zuviel als auch ein Zuwenig möglich: Man kann zu viele oder zu wenige Meetings haben. Das Problem mit zu vielen Meetings ist klar: Niemand hat mehr die Zeit, all das umzusetzen, was in den Meetings beschlossen wurde. Zu viele Meetings können auch einen Teufelskreis in Gang setzen. Ich habe einmal in einem Unternehmen gearbeitet, in dem fast jeder die ganze Zeit in Meetings saß. Das bedeutete, dass man niemals jemanden an seinem Schreibtisch antraf, sodass die einzige Möglichkeit, mit diesen Personen ins Gespräch zu kommen, darin bestand, ein weiteres Meeting einzuberufen. Die Meetings häuften sich noch mehr und das Problem wurde nur noch schlimmer.

Zu wenige Meetings klingt wie ein Widerspruch in sich, doch auch das gibt es und auch das führt zu Problemen. Ich habe einmal in einem Start-up-Unternehmen gearbeitet, bei dem gar keine Meetings einberufen wurden und das nur einen einzigen Meeting-Raum besaß. Eine positive Folge war, dass wir alle viel unstrukturierte Zeit für ernsthafte, wohlüberlegte Arbeit hatten. Auch war es einfach, bestimmte Personen anzutreffen, wenn man mit ihnen sprechen musste. Zu vielen Menschen gleichzeitig zu sprechen war dafür richtig schwierig. Man konnte versuchen, die Leute irgendwo zu einer spontanen Besprechung zusammenzutrommeln, aber ausnahmslos immer gab es jemanden, der etwas anderes tat und nicht da war, weil er sich nicht darüber bewusst war, dass er bei diesem ungeplanten Treffen dabei zu sein hatte. Da wir diese Besprechungen nicht vorab geplant hatten (sprich: wir kein Meeting angesetzt hatten), konnten wir nie davon ausgehen, dass jeder, der dabei sein musste, auch dabei war.

Die meisten Meetings fallen in zwei verschiedene Kategorien: das Treffen von Entscheidungen oder das Teilen von Informationen. Bei den Entscheidungs-Meetings sind in der Regel alle Teilnehmer an der Diskussion beteiligt (oder jedenfalls die meisten), während die Informations-Meetings meistens eher passiv sind und vielleicht nur eine Person spricht, während alle anderen zuhören. Manche werden jetzt sagen, dass diese zweite Kategorie mittlerweile überflüssig ist und dass E-Mails oder andere elektronische Mittel für die Kommunikation einer Person mit vielen besser sind. Dem würde ich allerdings nicht zustimmen. Informationen direkt von einem Kollegen zu hören, ist immer noch etwas Einmaliges. Es gibt einen Grad der Nuancen und Emotionen, der bei schriftlicher Kommunikation verloren gehen kann, selbst bei Videostreams und Ähnlichem. Wenn man so will, kann man alle Unterweisungen Buddhas zur zweiten Kategorie zählen.

Meetings können sowohl zu groß als auch zu klein sein. Bei den Entscheidungs-Meetings ist das Risiko meistens, dass es zu groß wird. Die

Faustregel besagt, dass alle diejenigen eingeladen werden müssen, die zum Treffen einer Entscheidung nötig sind, nicht mehr. Der Grund dafür ist der schnelle Qualitätsverlust durch zu viele Teilnehmer. Gespräche unter vier Augen sind sehr effizient – jeder kann seine Argumente anbringen und direkt auf den anderen reagieren. Schon mit drei Leuten wird das Hin und Her kniffeliger und ab da immer schwieriger. Je mehr Beteiligte es gibt, desto schwerer ist es, die Spur zu halten.

Meistens erkennt man ein zu großes Entscheidungs-Meeting daran, dass einige Menschen sich nicht beteiligen oder sich die Diskussion im Kreis dreht. Wenn Sie das erleben, dann ist es das Klügste, eine Pause einzulegen und vorzuschlagen, ein kleineres Meeting zu diesem speziellen Punkt einzuberufen, und dann fortzufahren.

Bei einem Informations-Meeting besteht das Risiko normalerweise eher darin, dass es zu klein ist. Hier sollte *jeder* anwesend sein, den die Information betrifft. Da in der Regel nur eine Person oder einige wenige sprechen, vergrößern zusätzliche Teilnehmer nur das Publikum und das macht das Meeting effizienter. In diesem Fall sollten Sie mit der Einladung großzügig verfahren.

Ein verbreitetes Problem ist die Frage, welche Art von Meeting man denn nun eigentlich abhalten möchte, oder die Gewissheit, dass es von beidem etwas sein wird. Dann müssen Sie mit den gegensätzlichen Zwängen zurechtkommen, das Meeting gleichzeitig klein und groß zu halten. Manchmal ist es das Beste, solche Meetings in zwei aufzuteilen: ein kleines für die Entscheidungsfindung und ein großes für die Bekanntgabe dieser Entscheidung für die gesamte Gruppe.

Viele werten die Einladung zu einem Meeting als Status-Bestätigung. Wenn ein Entscheidungs-Meeting so klein wie möglich gehalten wird, muss es schließlich heißen, dass Sie sehr wichtig, sogar ausschlaggebend, sind. So ging es mir viele Jahre lang. Ich kämpfte dafür, bei Meetings dabei zu sein, die ich für wichtig hielt, und nahm es übel, wenn ich mal nicht eingeladen war. Das ist auch ein Grund dafür, dass Meetings schnell zu groß werden – wir wollen niemanden verletzen, indem wir ihn ausschließen. Der Vorschullehrer meiner Tochter sagte gern: »Es ist immer Platz für noch jemanden.« Das ist eine wunderbare Einstellung zur Inklusion für soziale Situationen – und ich versuche, das zu berücksichtigen –, doch für viele Meetings ist es furchtbar.

Im Laufe meiner Karriere haben sich meine Gefühle zu Meeting-Einladungen umgekehrt. Heute ist für mich jedes Meeting, bei dem ich ausgeschlossen bin, ein kleiner Sieg. Wenn die Leute in der Lage sind, Entscheidungen ohne mich zu treffen, dann muss ich sie erfolgreich informiert und befähigt haben. Ich muss etwas richtig gemacht haben. Ich will nur bei Meetings anwesend sein, bei denen ich wirklich benötigt werde, und selbst dann hoffe ich, die Dinge so weit festzuzurren, dass ich beim nächsten Mal nicht mehr gebraucht werde.

In den letzten Jahren habe ich auch ein paar Grundregeln für mich selbst in Meetings aufgestellt. Ersten, niemals jemanden zu unterbrechen, der gerade spricht – oder versucht zu sprechen. Das ist viel schwerer, als es klingt! In vielen Unternehmen und Teams gibt es eine Kultur des Unterbrechens, sodass Sie, wenn Sie auf eine echte Gelegenheit zu sprechen warten, nie zum Zuge kommen werden. Dennoch versuche ich bewusst, niemanden zu unterbrechen und ebenso, eine andere Möglichkeit zu finden zu signalisieren, dass ich als Nächstes sprechen möchte. Das Unterbrechen in Meetings ist furchtbar ansteckend, doch auch das Warten auf eine Gelegenheit kann überraschenderweise ansteckend sein. Wenn Sie selbst nicht mehr unterbrechen, werden Sie feststellen, dass andere es ebenfalls nicht mehr tun.

Als Zweites versuche ich in Entscheidungs-Meetings zu gewährleisten, dass jeder zu Wort kommt und niemand die Konversation dominiert. Ein Meeting ist vor allem dann korrekt zusammengestellt, wenn jeder teilnehmen *muss*. Anderenfalls wäre er nicht eingeladen worden. In einem guten Entscheidungs-Meeting sollte es keine reinen Beobachter geben. Doch oft sieht man ein oder zwei Menschen, die die Diskussion dominieren, und viele, die überhaupt nichts sagen. Es kann natürlich sein, dass die falschen Menschen eingeladen wurden – in diesem Fall können Sie vorschlagen, das Meeting zu vertagen und in einer kleineren Gruppe zu halten, wie oben schon erwähnt. Eher aber ist es so, dass einige der wichtigen Stimmen sich nicht durchsetzen können. Ich versuche dann, die stilleren Teilnehmer zur Teilnahme aufzufordern. »Ich glaube, wir haben noch nichts von ... gehört« ist eine gute Methode, den anderen das nötige Gehör zu verschaffen.

Drittens versuche ich, mich an die Regeln für Uneinigkeiten zu halten, die wir zu Beginn des Kapitels schon betrachtet haben. Das Ziel des Meetings ist, die richtige Entscheidung zu treffen, und nicht, irgendjemandes Ego zu füttern. Es kommt nicht darauf an, *wer* etwas richtig macht, solange wir damit zur bestmöglichen Lösung kommen. Auseinandersetzungen in Meetings sollten niemals persönlich werden. Niemand sollte ein Meeting verlassen und sich persönlich angegriffen fühlen. Selbst wer auf der »Verliererseite« ist, sollte sich angehört fühlen. Zuletzt sollten wir nicht von Perfektionismus besessen sein. Es kann oft nützlicher sein, erst einmal eine *gute* Entscheidung zu treffen und die *beste* Entscheidung erst später. Noch einmal: In einem Raum voller cleverer, ambitionierter Menschen ist auch die zweitbeste Entscheidung ziemlich sicher noch immer gut genug.

Obwohl viel verspottet, können Meetings extrem produktiv sein. Die ursprüngliche Sangha Buddhas hielt zweimal im Monat ein Meeting ab, bei Neumond und Vollmond, um die Regeln zu memorieren und jüngste Verstöße zu gestehen. Alle Mönche und Nonnen waren anwesend, und alle nahmen an der Diskussion teil.

Die meisten werden mit einem Meeting alle zwei Wochen bei der Arbeit wahrscheinlich nicht zurechtkommen, doch wir können versuchen sicherzustellen, dass alle Meetings, an denen wir teilnehmen, sowohl nötig als auch effizient sind. Wir können uns vornehmen, den anderen zuzuhören und nicht an unserer eigenen Sicht der Dinge festzuhalten.

Ich kenne niemanden, der gerne mit seinen Mitarbeitern streitet. Ich sicherlich nicht. Buddha war der Meinung, alle Wesen hätten »den Vorsatz, ohne Wut, ohne Heftigkeit, ohne Feindschaft, ohne Hass« zu bleiben und »frei von Groll«.[148] Ich wette, auch Ihnen geht es meistens so.

In jeder gesunden Gruppe zusammengehöriger Menschen wird es eine Vielzahl von Meinungen geben. Selbst erleuchtete Menschen sind nicht immer einer Meinung – was Sie erleben können, wenn Sie einmal einem Treffen buddhistischer Meister beiwohnen. Doch Sie können auch dann in Frieden zusammenleben, wenn Sie und Ihre Kollegen verschiedener Ansicht sind. Denken Sie einfach an die Grundregeln, und Ihre Meinungsverschiedenheiten am Arbeitsplatz werden niemals ausarten.

Kapitel 13: Wie man ehrgeizig ist

Wenn der Grund für all unser Leiden unser ständiges Streben nach mehr ist, was bedeutet das dann für unseren Berufsweg? Gehört zu einem erfolgreichen Job nicht sogar dazu, dass wir erfolgreich sein *wollen* – insbesondere erfolgreicher als jetzt? Allerdings scheint das ein gewisses Maß an Bemühungen zu erfordern. Oder können wir im Unternehmen erfolgreich sein, ohne es wirklich zu versuchen?

Traditionell halten sich buddhistische Mönche daran, sich von jeder Art von ehrgeizigem Streben vollständig zu befreien, wie es heute noch in der in Südostasien verbreiteten Theravada-Tradition üblich ist. Die Mönche ziehen jeden Morgen von Neuem los, um um Essen zu betteln, und es ist ihnen streng verboten, etwas von diesen Gaben für den nächsten Tag aufzuheben. Sie beginnen jeden Tag wortwörtlich mit nichts*, in der Hoffnung, dass all ihre Bedürfnisse – letztlich auch auf ihre Nahrung bezogen – von der Gemeinde befriedigt werden. Sie haben keinen Anlass, nach materiellen Besitztümern zu streben, die über diese täglichen Bedürfnisse hinausgehen, weil es ihnen untersagt ist, irgendeine Art von Reichtümern anzuhäufen. Selbst zusätzliche Essensspenden müssen am Ende eines Tages weggegeben werden, sodass längeres oder effektiveres Betteln nicht sinnvoll ist. Mehr Essen in ihren Schalen bedeutet nur, dass sie mehr zu tragen haben – und potenziell auch mehr wegzuwerfen.

Doch dieses System kann nur funktionieren, weil nicht jeder ein Mönch ist oder jemals war. Es muss auch jemanden geben, der an die Zukunft denkt. Jemand muss abhängig von der Saison säen und ernten. Jemand muss Essen planen und zubereiten.

---

* Okay, nicht ganz *wortwörtlich* mit nichts. Ihnen sind drei Gewänder, eine Schale, ein Rasiermesser, ein Wasserfilter und Nadel und Faden erlaubt.

Schließlich muss auch jemand so viel Geld verdienen, dass er etwas spenden kann, damit Klöster gebaut werden, in denen Mönche und Nonnen leben, und Straßen, auf denen sie laufen können.* Buddhisten tendieren dazu, in diesem Arrangement einen gegenseitigen Nutzen zu sehen, bei dem Mönche und Nonnen mit Unterstützung der Laien das Dharma verbreiten. Doch ungeachtet dessen, ob Sie das als gerecht oder nicht empfinden, bleibt die Tatsache, dass Mönche nur deshalb so leben können, weil jemand anders vorausplant.

Davon abgesehen – warum wird jemand überhaupt Mönch oder Nonne? Jedenfalls, so viel ist klar, nicht fürs Geld, wo doch Mönchen und Nonnen noch nicht einmal erlaubt ist, mit Geld umzugehen, was auch für andere Verlockungen von Wohlstand und Macht gilt, wie beispielsweise für schicke Häuser (verboten), Kleidung (verboten) oder Sex und Drogen (beide verboten). Doch es scheint einleuchtend anzunehmen, dass viele von ihnen auf der Jagd nach *irgendetwas* sind. Es braucht einen gewissen Einsatz, das Zuhause zu verlassen und sich diesen strengen Regeln zu unterwerfen. *Irgendeine* Motivation muss es geben. Und ist das Streben nach der Erleuchtung nicht auch eine Form von Streben?

Mit diesem Paradox befassen sich die Buddhisten schon immer. Buddha selbst war sich darüber bewusst, dass die Zeit nach dem Verlassen des Palastes keine ziellosen Wanderjahre waren. Er hatte ein Ziel, eine Absicht. Er suchte nach etwas. Letztlich fand er es auch. Wenn er in diesen sechs Jahren nichts geleistet hätte, würden wir ihn heute nicht den Buddha nennen. Er wäre der längst vergessen Prinz Siddhartha, einfach nur einer der vielen Väter, die sich ihrer Unterhaltspflicht entziehen.

---

* Als China in den 1950er-Jahren in Tibet einmarschierte und begann, dessen Klostersystem zu zerstören, hieß es vonseiten der chinesischen Herrscher, die tibetischen Mönche nutzten die Bevölkerung aus, indem sie selbst ein Leben in Müßiggang lebten, während andere arbeiteten. Die Tatsache, dass die tibetische Bevölkerung es wollte, ja sogar anstrebte, Teil dieser Vereinbarung zu sein, wurde als Zeichen von Gehirnwäsche gewertet.

Auch die Achtsamkeit selbst beinhaltet eine Art Ziel – das Ziel, allem, was wir tun, die volle Aufmerksamkeit zu widmen. Buddhisten glauben fest an den alten Spruch, dass alles, was es wert ist, getan zu werden, es wert ist, gut getan zu werden. Diese Haltung spielt in den Zen-Klöstern ganz Japans eine Rolle – und sie wird gleichermaßen von den geschickten Kunsthandwerkern, die Keramiken und Gemälde schaffen, gezeigt wie von den stillen Mönchen, die den Sand harken. Es ist nichts Schlechtes daran, immer sein Bestes bei der Arbeit zu geben, egal, was man tut. Und der *Versuch* selbst ist das Ziel.

Buddhisten haben oft auch langfristige Ziele. Große Projekte brauchen ihre Zeit, ob es der Bau eines neuen Tempels ist oder der Abschluss der Medizinhochschule, das Ausfüllen einer komplizierten Tabellenkalkulation oder der Abschluss eines Geschäfts. Gar nichts würde getan werden, wenn niemand von uns Ziele hätte. Ohne Ziele hätte ich dieses Buch niemals schreiben können.

Doch nicht alle Ziele sind gleich und nicht alle Ziele sind es wert, verfolgt zu werden. Spätere Zweige des Buddhismus betrachteten das Bodhisattwa-Gelöbnis als das höchste Ziel. Bodhisattwas sind vollständig erleuchtete Wesen – potenzielle Buddhas – die jedoch auf ihren Eintritt in das völlige Nirwana verzichten, solange sie nicht alle anderen Wesen vom Leid befreit haben. (Mit diesem Ziel befasst sich gegen Ende noch ein Kapitel, S. 156.) Das zweitedelste Ziel nach diesem ist die individuelle Suche, die eigene Erleuchtung zu erreichen. Wenn das etwas egoistisch klingt, dann muss man sich bewusst machen, dass der traditionelle Grund für die Erreichung dieses Ziels der ist, dass wir erst dann anderen dabei helfen können, das Leid zu überwinden, wenn wir selbst es geschafft haben. Andernfalls sind wir selbst unweigerlich in unseren eigenen egoistischen Wünschen gefangen – zumindest hin und wieder. Wenn wir uns wirklich dafür engagieren wollen, für andere Sorge zu tragen, dann müssen wir auch für uns Sorge tragen.

Wo bleiben dabei die Karriereziele – wie, die nächste Beförderung zu erreichen, den nächsten Kunden zu akquirieren oder den nächsten Verkauf unter Dach und Fach zu bringen? Wie steht es damit, eine

Gehaltserhöhung oder einen Bonus herauszuschlagen und sich für einen besseren Job zu bewerben?

Buddha lehrte, schlechte, ungesunde oder unverträgliche Ziele hätten tendenziell drei problematische Ursachen: Gier, Hass und Verblendung. Jedes Ziel, das einer dieser drei Quellen entspringt, ist grundsätzlich verdorben. Umgekehrt sollte jedes Ziel, das frei von solchen Verderbnissen ist, ein gutes sein.

In der Praxis kann das etwas vertrackt sein. Meistens müssen wir unsere Ziele schon ziemlich genau betrachten, um deren wahre Motivation aufzudecken. An dem Wunsch nach einer Gehaltserhöhung, um der Familie Sicherheit und Komfort bieten zu können, scheint erst einmal nichts verkehrt zu sein. Doch mehr Geld allein wird keine zerrüttete Ehe retten oder vernachlässigte Kinder betreuen. Dafür braucht man kein Geld, sondern Liebe. Etwas anderes anzunehmen, ist nur eine der vielen Illusionen, die uns irreleiten.

Genauso kann es natürlich einfach richtig sein, eine Beförderung anzustreben, weil man der Meinung ist, mit einem größeren Team oder größerer Verantwortung mehr leisten zu können, oder einen neuen Job zu suchen, den man für besser geeignet hält. Es ist aber auch ein Ausdruck von Gier, das Gehalt oder den Titel als eine Art Wertung im Punktesystem des Lebens zu verstehen.

Hass ist natürlich auch schlecht, doch auch das wissen Sie bestimmt schon. Nur voranzukommen, um mit jemandem abzurechnen oder Macht über andere auszuüben, kann niemals ein gutes Ziel sein.

Manche Langzeitmeditierende erleben das gegenteilige Problem – sie haben nicht zu viele Ziele, sondern zu wenige! Wenn Sie erst einmal festgestellt haben, dass ein dickes Bankkonto oder ein beeindruckender Lebenslauf kein echtes Glück bringen, wieso sollten Sie sich weiterhin auf die Arbeit fixieren? Was soll das Ganze überhaupt?

In gewisser Hinsicht haben sie Recht: Es gibt keinen Grund. Es ist keineswegs leichter, die Erleuchtung in einer Villa zu erfahren als in einer Bruchbude. Es könnte sogar schwerer sein. Buddha ist nicht ohne Grund vor dem Leben im Palast geflohen. All der Luxus bot zu viel

Ablenkung. Andererseits war ein Leben in Schmerz und Entbehrung auch nicht die Lösung. All die körperlichen Qualen schufen eine andere Art von Ablenkung.

Wie immer bei Buddhas Lehren geht es in der Antwort wieder um die Ausgewogenheit, darüber, den mittleren Weg zu finden. Ein wenig materieller Erfolg im Leben kann nützlich sein und dabei helfen, eine Basis für die Übungen zu schaffen. Alles ist relativ. Für die einen klingt es wie ein unvorstellbarer Luxus, sich Urlaub zu nehmen, um eine Woche an einem Mediations-Retreat teilzunehmen. Den anderen erscheint das Arbeitenmüssen für die restlichen Wochen des Jahres als eine furchtbare Mühsal. Was die richtige Balance zwischen Arbeit, Familienleben und Übungen ist, muss jeder für sich selbst entscheiden. Wenn Sie Ihren Job hinschmeißen wollen, um in den Tempel zu gehen, und sich das auch leisten können, werde ich Sie sicher nicht davon abhalten. Doch wenn Sie die Arbeit nicht aufgeben wollen, um sich selbst zu versorgen und Ihre Übungspraxis zu finanzieren, dann ist daran natürlich auch nichts falsch. Solange Ihre Ziele unverfälscht sind, kann jeder Weg edel sein.

Machen Sie sich bewusst, dass selbst die glorreichsten Ziele zu Ablenkungen werden können. Dazu gibt es eine berühmte Geschichte über Ananda, einen von Buddhas kundigsten Anhängern. Ananda wohnte fast jeder Unterweisung Buddhas bei und sein außerordentliches Gedächtnis befähigte ihn, sie alle Wort für Wort zu rezitieren. Nach Buddhas Tod beschlossen seine Schüler, 500 von Buddhas vollständig erweckten Anhängern zusammenzurufen, damit diese seine Lehren bestätigten und sicherstellten, dass sie der nächsten Schülergeneration korrekt wiedergegeben würden. Ananda wollten sie selbstverständlich auch unter ihnen haben, denn er wusste mehr über die Unterweisungen als jeder andere! Doch es gab ein Problem – Ananda war noch nicht erweckt.

Was für eine Enttäuschung! Ananda war völlig bestürzt. Die anderen Schüler beschlossen, eine Ausnahme zu machen – das Treffen sollte nun aus 499 erleuchteten Schülern plus Ananda bestehen. Problem gelöst! Doch man kann sich gut vorstellen, wie demütigend das für ihn klingen musste. Ananda schwor, die Erleuchtung noch vor dem Treffen zu erreichen. Daran ist nichts falsch! Theoretisch ist das ein perfektes edles Ziel. Doch die extreme Fokussierung auf die Zukunft statt die Gegenwart stand Ananda im Weg. Und es gab in diesem Fall etwas Falsches in Anandas Motivation. Es ging ihm nicht darum, die Erleuchtung zu erleben, um das Leid zu beenden oder anderen zu helfen – er wollte einfach nicht auf dem Treffen blamiert werden. Es ging nur um sein Ego, eine Form der Gier. Ananda meditierte, so intensiv er konnte, aber er schaffte es nicht. Er steckte fest.

In der Nacht vor dem Treffen war Ananda bewusst, dass es jetzt um Minuten ging. Er blieb die ganze Nacht auf, meditierend, wie es auch Buddha vor seiner eigenen großen Erleuchtung getan hatte. Doch er hatte Pech. Am Morgen war er noch immer nicht erweckt. Es war schon über die Zeit. Er musste seinen Stolz herunterschlucken und an dem Treffen als die +1 in der Ansammlung Erleuchteter teilnehmen. Er hatte versagt. Er legte sich hin, um vor dem Treffen noch etwas zu schlafen, und gab sein Ziel, vorher noch vollständig erweckt zu werden, auf – und bumm! Bevor sein Kopf noch den Boden berührte, war er erleuchtet. Alles, was er zu tun gehabt hatte, war, nicht mehr vom Ziel besessen zu sein.

Manchmal sollten wir eine Aufgabe erfüllen, einfach nur, um sie zu erfüllen. Wir sollten allen Stolz in unsere Arbeit legen und ihr die volle Aufmerksamkeit widmen. An gesunden Zielen ist nichts falsch, solange unsere Motivation weder Gier noch Hass ist und wir uns eingestehen, was für Ziele wir erreichen können und werden. Doch wir dürfen die Ziele selbst nicht zu einer weiteren Ablenkung werden lassen. Wir können nicht zulassen, dass sie uns davon ablenken, aufmerksam zu sein. Manchmal ist der beste – und auch der einzige – Weg zur Erreichung eines Ziels, es loszulassen.

Kapitel 14: Was Yoda falsch verstanden hat

Ziele zu haben reicht nicht aus. Man muss auch etwas leisten, man muss sich bemühen.

Manche stellen sich Buddha als einen unbekümmerten Typen vor, der fünfe gerade sein lässt. Das grinsende Dickerchen, das in vielen Chinarestaurants als Statue anzutreffen ist – die aber nicht den tatsächlichen Buddha darstellt* – fördert dieses Klischee. Auch die buddhistischen Perlenketten, mit denen sich Hippies gerne schmücken, tragen zu diesem Image bei. In Abbildungen sitzt oder liegt Buddha sogar häufig. Meistens sieht er friedfertig und zufrieden aus, manchmal auch würdevoll und weise. Aber er sieht nie so aus, als würde er sich wirklich ernsthaft *anstrengen*.

Doch Buddha war ganz und gar kein Typ, der mit dem Strom schwamm. Er bemühte sich tatsächlich. Er arbeitete hart und verlangte dies auch von seinen Anhängern. Er machte sich viele Gedanken über das, was er *Bemühung* nannte. Die Erleuchtung geschieht nicht einfach so, erklärte er. Für einen Mönch, der dem Weg folgt, bedeutete dies: »Er bemüht sich, entfaltet Energie, setzt seinen Verstand ein und ist bestrebt.«[149] Der Mönch und Gelehrte Bhikku Bodhi fasst zusammen: »Das Arbeiten an der Selbstkultivation ist nicht einfach« und erfordert »unermüdlichen Einsatz.« Es gibt keinen anderen Weg, das zu erreichen, und »es ist niemand da, der das für uns übernehmen könnte.«[150]

Buddha machte sich viele Gedanken über die Faulheit, das Gegenteil von Anstrengung, vielleicht deshalb, weil Meditation schnell mit Müßiggang verwechselt werden kann. Faulheit zählte er zusammen mit Alkoholismus und Spielsucht zu den Dingen, die mit Sicherheit zum

* Es handelt sich um einen molligen Mönch aus China, der zu einem Glücksymbol wurde. Auf Japanisch heißt er Hotei, auf Chinesisch Budai – was ein Grund für die Verwirrung sein könnte.

Ruin führen. Er wurde ziemlich deutlich in seiner Beschreibung der Gefahren, die drohen, wenn man zu bequem wird: zu denken, »Es ist zu kalt«, und nicht arbeiten zu können; zu denken: »Es ist zu heiß« und nicht arbeiten zu können; zu denken: »Es ist zu früh«, und nicht arbeiten zu können; zu denken: »Es ist zu spät«, und nicht arbeiten zu können; zu denken: »Ich bin zu hungrig«, und nicht arbeiten zu können; zu denken: »Ich bin zu voll« und nicht arbeiten zu können.[151]

Wahrscheinlich haben wir alle schon solche Tage erlebt, an denen wir unzählige Ausreden dafür finden, nichts zu tun, und keinen einzigen Grund, irgendetwas zu tun. Und vielleicht haben Sie auch schon mit Menschen zusammengearbeitet, denen es jeden Tag so ging.

In der Arbeitswelt sprechen wir in solchen Fällen gerne von *Burnout*, was ein ernstzunehmendes Problem ist. Wie Buddha schon wusste, benötigt alles, was es wert ist, getan zu werden, einen gewissen Einsatz. Das geht von der beruflichen Laufbahn bis zur spirituellen Erweckung. Sie erreichen gar nichts, wenn Sie nicht die Energie für die Leistung aufbringen können.

Zur Vermeidung eines Burnouts und des Nachlassens der Arbeitsleistung ist es wesentlich, das zu tun, was man mag und in dem man persönliche Erfüllung findet. Das klingt gleichzeitig absolut einleuchtend und ist doch von Fall zu Fall unmöglich. Die gute Nachricht aus der Arbeitsplatzforschung lautet, dass man seinen Job nicht *die ganze Zeit* über lieben muss. So befragten Forscher der Mayo-Klinik Hunderte von Ärzten zu sehr unterschiedlichen Punkten bezüglich Arbeitscharakter und Berufszufriedenheit.[152] Was sie herausfanden, mag überraschen: »Mediziner, die mindestens 20 Prozent ihrer Zeit mit einem Arbeitsaspekt verbrachten, der für sie besonders sinnstiftend war, haben eine etwa halb so hohe Burnout-Rate wie die derjenigen, die weniger als 20 Prozent damit verbrachten.«

Das heißt, wenn Sie nur 20 Prozent Ihrer Arbeitszeit mit dem Teil verbringen, den sie wirklich lieben, reicht das aus, um die Motivation aufrechtzuhalten. In der Mayo-Klinik-Studie macht ein noch höherer Prozentsatz keinen großen Unterschied mehr. Das galt unabhängig davon, welchen Teil ihres Jobs die Ärzte liebten. Manche fanden die größte Erfüllung darin, sich um ihre Patienten zu kümmern, andere darin, Kollegen zu unterrichten, und wieder andere darin, sich mit administrativen Aufgaben zu befassen. Es war egal, *was* sie als am erfüllendsten empfanden, solange sie 20 Prozent ihrer Arbeitszeit damit verbringen konnten.

20 Prozent entsprechen an einem typischen Achtstundentag etwas mehr als eineinhalb Stunden. Das ist nicht so viel Zeit. Eine Methode kann sein, diese Zeit gleich zu Beginn des Arbeitstags einzuplanen. Eine andere besteht darin, für andere Aufgaben eine Belohnung einzuführen. Ich habe beides ausprobiert und finde beide Strategien effektiv. Manchmal muss man nur eine kurze Pause machen, um zu realisieren, dass man bereits den persönlich sinnstiftenden Teil der Arbeit macht. Angenommen, Sie arbeiten im Handel oder im Service und Sie lieben es, mit Kunden zu sprechen und ihnen dabei behilflich zu sein, zu finden, was sie suchen. Das ist vermutlich nichts, was Sie vorab planen können, doch Sie können sich selbst täglich daran erinnern, dass es das ist, was Ihren Job für Sie so besonders macht.

Ich selbst habe noch zwei weitere Rituale, die ich sehr gerne durchführe, um dieses Gleichgewicht zu finden. Erstens erstelle ich, gleich wenn ich zur Arbeit komme, eine Liste der Dinge, die ich an diesem Tag vorhabe. Manche davon gehören zu den Dingen, die ich tun muss, aber andere zu denen, die ich tun möchte. All das aufzuschreiben ist sehr hilfreich, weil es mir dabei hilft, nichts zu vergessen, und mich den ganzen Tag über motiviert hält. Zweitens versuche ich, den Tag zu rekapitulieren, bevor ich nach Hause fahre. Wie habe ich meine Zeit verbracht? Was habe ich geschafft? Bin ich zu den Dingen gekommen, die ich an meinem Job liebe?

Diese Rituale können Sie nutzen, um sich zu vergewissern, jeden Tag etwas Zeit mit den Dingen verbracht zu haben, die für Sie besonders befriedigend sind. Beginnen Sie damit, einige dieser Dinge in Ihre Liste aufzunehmen – auf lange Sicht sind sie ebenso wichtig wie die neuen Projekte, die Ihnen Ihr Chef aufgetragen hat, oder die am Ende der Woche drohende Deadline. Wenn Sie diese Dinge zusammen mit den anderen Prioritäten, die ebenso zu tun sind, in eine Liste aufnehmen, gewährleisten Sie damit, dass sie im Trubel der restlichen Arbeit nicht in Vergessenheit geraten.

Am Ende des Tages halten Sie Rückschau, wie Sie Ihre Zeit verbracht haben. Fühlen Sie sich mit den getroffenen Entscheidungen wohl? Haben Sie mindestens eine oder zwei Stunden mit der Arbeit verbracht, die Sie gerne tun? Falls nicht, was können Sie verändern, um morgen wieder in die Spur kommen? Versuchen Sie, den morgigen Tag ausgeglichener zu gestalten als den heutigen.

Viele weitere Techniken aus diesem Buch können Ihnen dabei helfen, Ihre Energie zu steigern – durch gesundes Essen, ausreichend Schlaf oder regelmäßige Bewegung. Wenn Sie merken, dass Ihre Energie in den Keller rutscht, dann versuchen Sie, eine Pause einzulegen und etwas herumzulaufen, und seien es nur fünf Minuten. Wenn Sie rausgehen können, umso besser – unser Körper und unser Gehirn sind darauf konditioniert, im Sonnenlicht wach zu werden.

Ein weiterer Grund für ein Burnout ist das Scheitern – oder auch nur die *Angst* vor dem Scheitern. Es ist nicht gerade einfach, die Energie aufrechtzuhalten, wenn die Arbeit nicht gut läuft. An einem scheiternden Projekt zu arbeiten, erscheint uns als verschwendete Zeit.

Dabei ist es *keine* Zeitverschwendung. Scheitern ist ein sinnvolles Zeichen – das Ihnen signalisiert, dass Sie echte Risiken eingehen. Wenn Sie niemals bei irgendetwas scheitern, dann werden Sie auch niemals bei irgendetwas richtig ranklotzen. Unternehmer im Silicon Valley sprechen gerne vom Wert des »schnellen Scheiterns«.[153] Das bedeutet nicht, dass das Scheitern zwangsläufig gut ist, doch wenn Sie schon scheitern, dann besser früher als später.

Auf die eigene Arbeit übertragen ist es also am besten, den schwierigsten Part eines riskanten Projekts als Erstes anzugehen. Sollten Sie scheitern, dann haben Sie wenigstens noch nicht so viel Zeit investiert. So können Sie sich bald wieder anderen Dingen zuwenden. Doch wenn Sie mit den einfachsten Dingen beginnen, dann könnte es passieren, dass Sie Wochen oder Monate an etwas arbeiten, bevor Sie feststellen, dass Ihre Methode einfach nicht funktioniert. Beginnen Sie dagegen mit den schwierigsten Dingen, dann wird es außerdem spannend, das Neue auszukundschaften, das Unbekannte zu entdecken. So etwas hilft auch oft dabei, motiviert zu bleiben. Selbst wenn es nicht funktionieren sollte, haben Sie doch gelernt, an etwas wirklich Schwierigem zu arbeiten. Und sollte das Projekt doch klappen, dann können Sie in dem Wissen, dass der Rest easy going ist, fortfahren.

Für viele gehen Leistung und Ehrgeiz Hand in Hand. Ohne Leistung können Sie nichts erreichen und es ist auch einfacher, mit seinen Bemühungen nicht nachzulassen, wenn man ein Ziel im Kopf hat. Ihre tägliche To-do-Liste weist Ihre Kurzzeitziele aus, während Ihre Karrierebestrebungen das Langzeitziel darstellen. Sie müssen Letztere nicht täglich im Auge behalten, aber es fördert die tagtägliche Motivation, wenn Sie Ihren beruflichen Fortschritt zum Beispiel monatlich in den Blick nehmen. Sobald Sie feststellen, dass eines Ihrer Ziele nicht realisierbar ist, streichen Sie es und fassen ein neues Ziel ins Auge. Bleiben Sie immer am Ball.

Eine Geschichte über Buddha besagt, er habe sich einmal zusammen mit 500 seiner treuesten Anhänger in einem Kloster niedergelassen. Nachdem sie kurz eine Stadt in der Nähe besucht hatten, saßen viele der Mönche tratschend herum, statt zu meditieren.[154] Buddha sah sie so faul herumlungern und rügte sie dafür, sich nicht genug Mühe zu geben: »Das ernsthafte Bemühen liegt bei euch; ein Lehrer kann euch nur sagen, wie es geht.«[155] Aber noch einmal: Ziele allein reichen nicht aus. Sie müssen hart arbeiten. Der wahrscheinlich im ganzen Universum bekannteste fiktionale Zen-Meister ist Yoda, der winzige Lehrer, der Luke Skywalker in *Star Wars* unterrichtet. Sein Rat an Luke »Tu es oder tu es nicht. Es gibt kein Versuchen« ist berühmt.[156] Nur leider liegt Meister Yoda an diesem speziellen Punkt falsch.

Kapitel 15: Atmen nicht vergessen

Nehmen wir einmal an, Sie machen alles so, wie wir es bisher besprochen haben. Sie meditieren. Sie sind aufmerksam. Sie schlafen und essen gut und sind regelmäßig körperlich aktiv. Sie sagen die Wahrheit und pflegen die rechte Rede. Sie haben förderliche Ziele und bemühen sich auf gesunde Weise darum, diese zu erreichen.

Und trotzdem haben Sie schlechte Tage bei der Arbeit.

Das kommt vor. Auch ich habe schlechte Tage. Sie haben schlechte Tage. Und selbst die erfahrensten Meditierenden, die ich kenne, haben schlechte Tage.

Häufig entspringen solche schlechten Tage einer Art Missverständnis; Buddha würde es Einbildung nennen. In einer von Buddhas Unterweisungen geht es darum, dass die Dinge nicht immer das sind, was sie zu sein scheinen. Unser Verstand trickst uns aus. Manchmal lässt er die Dinge besser aussehen, als sie sind. Ich denke, bei der Arbeit sorgt er eher dafür, dass die Dinge schlechter aussehen, als sie sind.

In meinem Job versuche ich, zwischen zwei Arten von Problemen zu unterscheiden. Ich nenne sie echte und künstliche Probleme. Ein echtes Problem ist eines, das ungelöst etwas Schlechtes verursachen wird. Ein künstliches dagegen kann man ignorieren, ohne negative Konsequenzen befürchten zu müssen.

Zunächst sieht das nach einer offensichtlichen Unterscheidung aus, doch beginnt man erst einmal damit, die Probleme bei der Arbeit auf diese Weise einzuteilen, dann ist erstaunlich, wie viele davon sich als künstlich herausstellen. Zu den verbreiteten Problemen bei der Arbeit gehört zum Beispiel die Befürchtung, von einem Kollegen oder dem Chef nicht gemocht zu werden. So etwas verursacht ungute Gefühle und oft auch eine Menge Stress. Und es *fühlt* sich so an, als sei es ein Problem, das gelöst werden muss. Doch fragen Sie sich einmal: Was passiert denn, wenn das Problem *nicht* gelöst wird?

Solange diese vermeintliche Antipathie keinen wirklichen Konflikt verursacht und Sie nicht in Ihrer Arbeitsausübung beeinträchtigt, können Sie sie vielleicht ignorieren. Sie müssen nicht von jedem gemocht werden, auch wenn das kein schönes Gefühl ist.

In größeren Unternehmen kommt es durchaus vor, dass zwei Menschen dieselbe oder eine sehr ähnliche Befugnis oder zwei Teams dasselbe Aufgabengebiet haben. So etwas kann Spannungen verursachen und beide Seiten verunsichern, selbst wenn sich diese Menschen kaum einmal über den Weg laufen. Ebenso häufig ist es der Fall, dass eine bestimmte Aufgabe auf zwei verschiedene Weisen angegangen wird oder Uneinigkeit über die richtige Form für eine bestimmte Art des Meetings oder Protokolls herrscht. Natürlich ist die Einheitlichkeit besser, oder? Vielleicht. Doch wenn ich mit einer solchen Situation konfrontiert werde, frage ich mich oft, was passieren würde, wenn ich mich nicht danach richtete. Meistens lautet die Antwort: nichts.

Kommt jemand zu mir, um sich bei mir über ein künstliches Problem bei der Arbeit zu beschweren, dann unterfüttert er dessen Dringlichkeit oft mit dem Hinweis, wie lange es schon existiert – manchmal Wochen, Monate oder sogar Jahre! –, ohne sich darüber bewusst zu sein, genau damit den Grund für die *Nichtexistenz* irgendeines echten Problems zu liefern. Herrscht eine bestimmte Situation schon seit Monaten oder Jahren ohne negative Konsequenzen, dann handelt es sich vielleicht nicht um ein echtes Problem. Und wenn die einzige Konsequenz, das Problem nicht gelöst zu haben, darin besteht, dass es auch nach einem Monat oder einem Jahr noch immer bestehen wird, ist das eher ein Grund daran zu zweifeln, ob wir es lösen sollten. Ein Problem, das innerhalb eines Jahres nicht größer wird, ist womöglich kein besonders großes. Diese Philosophie widerspricht zugegebenermaßen der berühmten Volksweisheit »Was du heute kannst besorgen, das verschiebe nicht auf morgen«. Sie kommt wahrscheinlich eher an die absurde Version von Mark Twain heran: »Spare nie auf morgen, was du übermorgen gerade so gut tun kannst.«[157] Dabei geht es nicht darum, das Faulenzertum gutzuheißen, das wir schon im vorangegangenen Kapitel (S. 99) besprochen haben. Arbeit, die getan werden muss, sollte getan und nicht unnötig aufgeschoben werden. Doch viele verbringen ihre Zeit bei der Arbeit mit mehr Problemen, als sie tatsächlich bewältigen können, und das ist häufig die Ursache für diese schlechten Tage. In solchen Situationen ist es sinnvoll, sich darauf zu konzentrieren, was wirklich wichtig ist.

Im Klartext: Solche künstlichen Probleme zu lösen ist nicht per se verkehrt. Es kann sich lohnen, damit das Gerede darüber aufhört. (Das zählt als Resultat, wenn auch nur als ein eher geringfügiges.) Doch Ihre Bemühungen sollten proportional zum Nutzen sein. Wenn viel Zeit damit verschwendet wird, sich über das künstliche Problem aufzuregen, ist eine *geringe* Bemühung zur Lösung dieses Problems gerechtfertigt. Doch Sie sollten nicht allzu viel Zeit mit etwas verbringen, nur um die Schwarzseher zufriedenzustellen.

Mit anderen Worten: Es geht nicht darum, dass künstliche Probleme keine wären. Irgendwer wird vermutlich davon ausgehen, dass es echte Probleme sind, doch das müssen nicht Sie sein. Es ist ein bisschen wie in der alten Zen-Weisheit: »Die Dinge sind nicht das, was sie zu sein scheinen. Sie sind auch nichts Anderweitiges.«[158] Künstliche Probleme sind zwar immer noch Probleme – aber es müssen nicht *Ihre* Probleme sein.

Dann gibt es noch diese Tage, an denen all die echten Probleme überhandnehmen. Manchmal kommt es Ihnen so vor, als laste *alles* auf Ihren Schultern – und niemand sonst rühre auch nur den kleinen Finger!

Wenn mir so etwas widerfährt, dann frage ich mich, ob ich mir das vielleicht selbst aufgehalst habe. Warum sind bloß so viele Projekte auf meinem Schreibtisch gelandet? Oft stelle ich dann fest, dass es daran liegt, dass ich darum gebeten habe! Vielleicht konnte ich nicht glauben, irgendjemand anders könne dazu in der Lage sein. Oder, noch schlimmer, ich war mir *sicher*, dass andere dazu in der Lage sind, und fürchtete, mein Chef könnte daraus schlussfolgern, dass ich überflüssig bin!

Für solche Situationen habe ich ein paar Maßnahmen zur Abhilfe. Erstens: Vertrauen Sie Ihren Kollegen. Gehen Sie nicht davon aus, Sie müssten alles selbst in die Hand nehmen. In den meisten Unternehmen gibt es kaum einen Job, den möglicherweise nur eine einzige Person übernehmen kann. Zum einen deshalb, weil das Risiko sehr groß ist. Was, wenn Sie krank werden? Oder gehen? Wer soll dann die Arbeit übernehmen? Je schneller sich jemand anders einarbeitet, desto besser für alle.

Zweitens: Kämpfen Sie nicht für die Arbeit. Wenn jemand eine Aufgabe übernehmen möchte, übergebe ich sie ihm fast immer. Es gibt nur sehr wenige Dinge, von denen ich denke, dass ich derjenige sein sollte, der sie übernimmt. Es ist dennoch fast immer mehr als genug Arbeit vorhanden, um anzupacken. Versuchen Sie, keinen Gebietsanspruch zu erheben, und nehmen Sie angebotene Hilfe an.

Drittens: Akzeptieren Sie Ihr Limit. Versuchen Sie nicht, zu verbergen, dass Sie zu viel Arbeit haben. Sagen Sie es Ihrem Chef. Sagen Sie es Ihren Kollegen. Das Schlimmste, was Sie tun können, ist, bis zur Deadline Zuversicht auszustrahlen und dann alle hängenzulassen. Wenn Sie Hilfe brauchen, dann bitten Sie darum – so schnell wie möglich. Und wenn das alles scheitert, vergessen Sie nicht zu atmen.

Das Atmen haben wir schon im Zusammenhang mit der Achtsamkeitsmeditation angesprochen. Sie können dieses Atmen auch jederzeit nutzen, wenn Sie Stress und Verzweiflung übermannen. Wie der vietnamesische Zen-Meister Thich Nhat Hanh sagt: »Atmen ist ein Mittel, um zu erwachen und die volle Aufmerksamkeit beizubehalten.«[159] Es ist ein Werkzeug, das wir immer bei uns tragen und das in jeder Minute des Tages verfügbar ist. »Das Atmen ist für unsere Existenz essenziell«[160], erklärt der namhafte Yogalehrer Eddie Stern, und »der Zusammenhang zwischen unserer Atmung und unserem Geist befindet sich im Ansatz nahezu jeder einzelnen kontemplativen und religiösen Übung.«[161]

Buddha sah es ebenso. Er lehrte, dass wir allein schon durch das bewusste Atmen die volle Erleuchtung erreichen können. Es gibt eine Geschichte, in der er mit seinen besten Schülern eine dreimonatige Klausur absolviert, als er beschließt, dass sie auf ihrem Weg zur Erleuchtung weitere Fortschritte machen könnten. Er teilt ihnen mit, einen weiteren Monat bleiben zu wollen, um ihnen weitere Anweisungen geben zu können. Das machte die Runde und immer mehr Mönche und Nonnen versammelten sich, um an diesem einen Monat der Extra-Lehrzeit teilzunehmen. Was Buddha in diesem einen Monat lehrte, war eine Technik, die er »das volle Bewusstsein des Atmens« nannte.

Über die Atemmeditation wurden ganze Bücher geschrieben,[162] doch auch eine recht einfache Version wirkt an harten Arbeitstagen Wunder. Beginnen Sie damit, einen tiefen Atemzug zu machen, wo auch immer Sie sich befinden. Versuchen Sie zu spüren, wie die Luft durch Ihre Nase oder Ihren Mund einströmt. Spüren Sie, wie sie Ihre Lungen füllt. Spüren Sie, wie sich Ihr Brustkorb hebt und senkt. Spüren Sie, wie die Luft wieder in die weite Welt zurückkehrt. Das ist alles, was Sie tun müssen.

Ich stelle fest, dass mir drei bewusste Atemzüge wie diese an den meisten Tagen schon ausreichen, um mich wieder zu beruhigen. Dann kann ich wieder mit dem weitermachen, woran ich gerade gearbeitet habe. An besonders schlimmen Tagen muss ich das manchmal mehrmals wiederholen – vielleicht einmal in der Stunde. Zum Glück ist die Übung wirklich einfach. Ein oder zwei Minuten sind es, mehr braucht man nicht. Sie können sich auch einen Wecker stellen, der Sie daran erinnert, die bewusste Atmung im Laufe des Tages einzubauen.

Nehmen Sie einmal bewusst wahr, wie Ihre »normale« Atmung an solchen harten Tagen aussieht. Meistens ist sie kurz und stoßweise. Nach ein paar dieser bewussten Atemzüge sollte Ihre Atmung wieder etwas entspannter werden. Ihr ganzer Körper beginnt, sich zu entspannen.

Die Wahrnehmung unserer Atmung bringt uns Buddha zufolge »große Frucht und großen Nutzen«.[163] Ich kann nicht versprechen, dass die Atmung allein Ihre schlechten Tage bei der Arbeit in ein vollständiges Nirwana verwandeln wird. Aber ich kann Ihnen versprechen, dass sie Ihnen helfen wird. Sie können versuchen, sie zu einem Teil Ihrer täglichen Routine zu machen, an guten und schlechten Tagen. Doch besonders an den schlechten Tagen ist es wichtig, an das Atmen zu denken.

Teil 3: Hindernisse

Kapitel 16: Nähe und Abstand

Wie bereits angesprochen, wurden die meisten von Buddhas Unterweisungen von einem einzigen Menschen wiedergegeben: seinem treuen Anhänger Ananda. Ananda verfügte über ein beachtliches Gedächtnis und gab den allergrößten Teil der von Buddha bekannten Lehrreden an die anderen 499 erleuchteten Schüler weiter, die am ersten Treffen nach Buddhas Tod teilnahmen.

Doch es stellte sich heraus, dass auch Ananda einiges vergaß. Unter den großen Schülern Buddhas befand sich auch eine Frau namens Khujjuttara, die als Sklavin im Palast einer der vielen königlichen Familien im alten Indien lebte. Während sie Besorgungen im Ort machte, bekam sie zufällig Buddha zu hören, und wurde zu einer treuen Anhängerin. Sie kam, sooft sie konnte, zurück, um ihn lehren zu hören, und gab seine Unterweisungen an die Königin und die anderen Frauen bei Hofe weiter. Die von ihr wiedergegebenen Unterweisungen beginnen immer mit denselben Worten »Gesagt wurde dies ...«[164].

Khujjuttara überlebte letztlich ihre Gebieterin und erfuhr selbst die Erleuchtung. Als die buddhistischen Schriften zusammengestellt wurden, wurden ihre Sammlungen als ein separates Buch dem von Anada beigefügt. Es wird *Itivuttaka* genannt, was auf Pali das Wort für diese wiederkehrende Einleitung »*Gesagt wurde dies ...*« ist.

Was hat Khujjuttara also genau wiedergegeben? Was sagte Buddha in diesem Ort? *Itivuttaka* deckt sehr viele Themen ab, doch eines meiner liebsten ist ein sehr einfaches. Zu den wichtigsten Einflüssen auf dem Weg zur Erleuchtung erklärt Buddha folgenden: »Ich halte keinen einzigen anderen Einfluss für so hilfreich wie gute Freundschaft.«[165]

Anders gesagt: Die Erleuchtung wird mit Freunden einfacher.

Zwei meiner heute besten Freunde lernte ich bei meinem allerersten Vollzeitjob während meiner Collegezeit im Sommer kennen. Seitdem habe ich im Laufe der Jahrzehnte durch die Arbeit weitere gute Freunde gefunden. Andererseits haben auch viele Freundschaften, die ich in meinen verschiedenen Jobs schloss, die unvermeidlichen Veränderungen von Unternehmen zu Unternehmen oder auch nur von Abteilung zu Abteilung im selben Gebäude nicht überlebt.

Und um auch das zu erwähnen: Nicht alle Beziehungen bei der Arbeit sind positiv. Die gefürchteten Bürointrigen gibt es wohl in vielen Unternehmen. Auch ich habe manchmal einen Job aufgegeben mit schwelendem Groll gegenüber vormaligen Kollegen, auch wenn es heute nicht mehr leicht nachzuvollziehen ist, was genau mich so hat grollen lassen. Dieser stets in Bewegung befindliche Prozess von guten und schlechten, sich bildenden und wieder vergehenden Beziehungen ist fest im Stoff des modernen Arbeitslebens verwoben.

Viele Menschen verbringen sehr viel Zeit in ihrem Job, umgeben von anderen Menschen, und es ist ganz natürlich, dass sich Beziehungen entwickeln. Und für viele bedeuten diese bei der Arbeit geschmiedeten Bündnisse einen großen Teil dessen, was ihrer Arbeit Sinn verleiht. Ich muss nicht *jeden* bei der Arbeit mögen, aber wenn ich *niemanden* bei der Arbeit mag, dann ist unwahrscheinlich, dass der Job von Dauer sein wird. Und damit bin ich nicht allein – Studien zur Freundschaft bei der Arbeit zeigen, dass das Pflegen von Freundschaften bei der Arbeit die Fluktuation erheblich reduziert.[166] Unsere Kollegen binden uns ebenso stark an unseren Job wie unser Gehalt.

Diese Arbeitsplatzfreundschaften machen das Arbeiten aber nicht nur zu einem größeren Vergnügen. Wie Buddha lehrte, bilden solche Freundschaften einen wichtigen Rückhalt. Dazu bemerkt eine neuere Studie, dass »positive Beziehungen bei der Arbeit Energie spenden, sowohl körperlich als auch emotional«[167], also damit nicht nur unsere Produktivität, sondern auch unsere körperliche Gesundheit beeinflussen. Fast alles bei der Arbeit wird besser, wenn man die Menschen dort mag.

Nicht alle gehen gleich mit ihren Freundschaften am Arbeitsplatz um. So scheinen Männer und Frauen in ihren Arbeitsplatzfreundschaften einen etwas unterschiedlichen Nutzen zu sehen. In einer neuseeländischen Studie schienen Frauen mehr »soziale und emotionale Unterstützung von ihren Freunden« zu erwarten, während Männer ihre

Arbeitsplatzfreundschaften eher als »funktionale« Beziehungen verstanden.[168] Freundschaften bei der Arbeit an sich wurden aber von beiden Geschlechtern als wichtig angesehen.

Doch haben Arbeitsplatzfreundschaften auch ihre Kehrseite. Die offensichtlichste ist wahrscheinlich die Ablenkung. Eine Freundschaft am Arbeitsplatz geht schon fast definitionsgemäß über die reinen Anforderungen bei der Arbeit hinaus und es kann Zeiten geben, in der die Bürde, einem Freund Unterstützung bieten zu müssen, von der Arbeit ablenkt.[169] Wir haben vermutlich alle schon die Erfahrung gemacht, dass ein Freund seine Beziehungs- oder Familienprobleme bei uns abladen möchte, während wir unbedingt unsere nächste Deadline erreichen müssen.

Arbeitsplatzfreundschaften können auch so exklusiv werden, dass sie andere Kollegen ausschließen. Dieses gefürchtete »Old-Boy-Network«, bei dem sich erfolgreiche ehemalige Kommilitonen gegenseitig unterstützen, gibt es noch immer in vielen Unternehmen und der Industrie. Sie sind das bekannteste Beispiel für die dunkle Seite dieser Arbeitsplatz-Kameradschaft.[170] Und während positive Beziehungen bei der Arbeit viel Freude und Erfüllung mit sich bringen können, bringen negative Beziehungen oft das genaue Gegenteil hervor. Ein Forscherteam beschreibt es so, dass »zerstörerische Arbeitsplatzbeziehungen wie schwarze Löcher [sind], die die psychischen Ressourcen erschöpfen.«[171]

Wie so vieles, was wir in diesem Buch aufgreifen, ist auch hier das Wesentliche, aufmerksam zu sein und bewusste Entscheidungen zu treffen. Suchen Sie diejenigen Freundschaften bei der Arbeit, die Sie als unterstützend empfinden, und pflegen Sie diese Freundschaften. Stellen Sie fest, welche Freundschaften sich toxisch anfühlen, und tun Sie Ihr Bestes, sich davon zu lösen. Wenn die Freundschaften einen großen Teil Ihrer Zufriedenheit am Arbeitsplatz ausmachen, dann stellen sie sicher, dass es sich um gesunde Freundschaften handelt. Und bedenken Sie immer, dass das Schmieden neuer Bündnisse mit neuen Kollegen ein unverzichtbarer Teil der meisten Karrieren ist.

Keine Abhandlung von Beziehungen bei der Arbeit wäre vollständig ohne die Erwähnung von *romantischen* Beziehungen. Ich kenne viele Paare, die sich bei der Arbeit kennengelernt haben, aber Kollegen zu daten birgt letztlich Gefahren. Wenn Sie sich mit einem Partner verkrachen, den Sie im Internet oder in einem rein gesellschaftlichen Umfeld kennengelernt haben, dann haben Sie in der Regel die Möglichkeit, ihm nie wieder zu begegnen. Wenn es aber bei der Arbeit passiert ist, laufen Sie sich unter Umständen täglich über den Weg. Sie könnten sogar bei einem Projekt oder in einer Schicht zusammenarbeiten müssen. Einer von Ihnen könnte am Ende sogar ein Vorgesetzter des anderen sein. Sie können den Kontakt nicht einfach abbrechen, egal wie schlimm es gelaufen ist – und der andere ebenso wenig. Das kann in der Arbeitssituation ernsthafte Probleme verursachen und damit enden, dass einer von Ihnen versetzt oder sogar entlassen wird. Erfahrungsgemäß endet es für Frauen leider sehr viel häufiger schlecht als für Männer.[172]

Zu diesem Risiko kommt noch die ewige Geschichte der unerwünschten Annährungsversuche bei der Arbeit hinzu, in erster Linie (aber nicht ausschließlich) Frauen gegenüber. Einer Studie von zwei Forschern der Cornell-Universität zufolge »berichten Frauen mit einer sehr viel höheren Wahrscheinlichkeit als Männer, von jemandem bedrängt worden zu sein, an dem sie nicht interessiert waren.«[173] Die Forscher stellten ebenfalls fest, dass die Belästiger, egal welchen Geschlechts, *extrem* unterschätzten, wie schwer das Nein-Sagen für ihre Opfer war. Die Dynamik am Arbeitsplatz ist kompliziert. Eine Anmache, die auf einer Party oder an einer Bar noch recht einfach abzulehnen ist, kann sich im Büro als eine große Last oder eine Falle herausstellen. Zum Teil ist es diesen sehr häufig vorkommenden Missverständnissen geschuldet, dass die Forscher »die Grenze zwischen dem romantischen Liebeswerben und der sexuellen Belästigung [als] nicht immer deutlich« beschreiben.[174] Und Sie werden sich niemals auf der falschen Seite dieser Grenze wiederfinden wollen.

Wenn Sie also das Bedürfnis haben, einer Kollegin oder einem Kollegen Avancen zu machen, dann gehen Sie behutsam vor. Fragen Sie nur *einmal* und seien Sie *sehr* deutlich mit Ihrer Frage. Ein gemeinsamer

Kantinenbesuch oder Kaffee bei der Arbeit ist kein Date und kein Indikator für irgendeine Art von romantischen Gefühlen. Der zweideutige Vorschlag, sich außerhalb der Arbeit zu treffen, um ein arbeitsbezogenes Projekt oder Problem zu besprechen, tut auch niemandem etwas Gutes. Wenn Sie jemanden einladen wollen, mit dem Sie zusammenarbeiten, dann laden Sie sie oder ihn ohne irgendwelchen Bezug zur Arbeit ein.

Die einzig wirklich wichtige Regel ist diese: Sie müssen ein Nein als Antwort akzeptieren können. Das ist leichter gesagt als getan, doch bei der Arbeit ist einfach kein Platz für Beharrlichkeit in Liebesdingen. Um jeden Zweifel zu vermeiden, sollten Sie alles, was kein klares Ja ist, als Nein verstehen. Erinnern Sie sich: Nein zu einem Kollegen zu sagen ist entsetzlich schwierig – vielleicht schwieriger, als Sie denken. Lassen Sie es bitte nicht dazu kommen, dass Ihr Gegenüber es ein weiteres Mal tun muss. Wenn Sie meinen Rat so weit befolgt haben, haben Sie Ihr Interesse deutlich gemacht. Und wenn Ihre Kollegin oder Ihr Kollege seine Meinung eines Tages geändert haben sollte und bemerkt, wie perfekt Sie beide doch zusammenpassen, dann verspreche ich Ihnen, dass sie oder er es Sie wissen lassen wird.*

Freundschaften am Arbeitsplatz zu pflegen ist um einiges sicher als Liebschaften – und, wie Buddha sagen würde, auf lange Sicht erfüllender. In einem der Vorträge, an die Ananada sich erinnerte, sagte dieser, dass die Hälfte des heiligen Lebens von »guter Freundschaft, guter Gemeinschaft und guter Kameradschaft« stammt.[175] »Nicht ganz, Ananda«, entgegnete Buddha. »Es ist das *ganze* heilige Leben.«

* Mir ist klar, dass dieser Ratschlag jeden Handlungsablauf in jeder romantischen Arbeitsplatz-Komödie untergraben würde. Trotzdem sollten Sie ihm folgen.

Kapitel 17: Besser als Buddha balancieren

Aus heutiger Sicht war Buddha im Führen von Beziehungen und in der Elternschaft noch schlechter als in der Ausübung eines Jobs. Letztlich hat er das Erwerbsleben noch nicht einmal ausprobiert. Doch er versuchte sich mit Ehe und Vaterschaft und versagte bei beidem kläglich, als er seine Frau und sein kleines Kind verließ, um seinen spirituellen Überzeugungen zu folgen.

Buddha mied die Beschäftigung mit dem, was wir heute »Work-Life-Balance« nennen, indem er sich von der Arbeit und seinem Zuhause gleichermaßen lossagte. Und das tat er aus einem ganz einfachen Grund: Er hielt es für leichter. Sie stellen sich das Mönchsdasein vielleicht als kompliziert vor, aber für Buddha war es leichter als zu versuchen, so viele widersprüchliche Anforderungen unter einen Hut zu bringen. Wie einer seiner Schüler feststellte, war Buddha der Ansicht, dass »die Schwierigkeiten eines jeden im täglichen Alltagstrubel mit dem Weg des inneren Fortschritts kollidieren.«[176] Buddha sagte dazu: »Das Privatleben ist Gefangenschaft«, während das Klosterleben »wie ein Freiraum ist«.[177]

Doch dies ist jetzt der Punkt, an dem ich Sie dazu ermutigen möchte, etwas weiter als Buddha zu blicken. Sie können das besser.

Schon von Anfang an war nicht jeder damit einverstanden oder in der Lage, in dieser Hinsicht Buddhas Beispiel zu folgen. Viele der Mütter und Väter, der Ehemänner und -frauen, die Buddha unterrichtete, waren nicht bereit, ihre Familien zu verlassen, so wie er es getan hatte. Für sie, wie auch für die meisten von uns, war und ist es daher eine Notwendigkeit, zumindest einen Anschein von Ausgewogenheit zu finden. Alles hinter sich zu lassen kam nicht in Frage.

Es ist nicht gerade leicht, Arbeits- und Freizeit in ein ausgewogenes Verhältnis zu bringen, und zu Hause ausgewogen zu verteilen und es erfordert manch schwer zu treffende Entscheidung. Meiner Erfahrung nach ist der einzige Weg, auf dem es funktionieren kann, der, diese Entscheidungen zu akzeptieren, sie vielleicht sogar zu begrüßen, statt sie wie Buddha abzulehnen.

Ich möchte das ungern als das Finden einer »Work-Life-Balance« bezeichnen, weil damit ein Gegensatz zwischen Arbeit und Leben impliziert wird, den es gar nicht gibt. Die Arbeit ist ein Teil des Lebens – und das Leben besteht aus vielen Teilen, die gegeneinander abgewogen werden müssen. Zu unserem Berufs- und unserem Privatleben kommen noch Schlafen und Wachsein, Aktivität und Ruhezeiten, Freunde und Familie, soziale Beziehungen und Alleinsein. Das Finden eines Gleichgewichts zwischen Arbeits- und arbeitsfreien Zeiten ist eine der vielen Abwägung, die wir zu machen haben – und sie ist nicht zwingend die schwerste oder die wichtigste.

Das Leben ist kurz und es macht viel aus, wie wir es verbringen – auch deshalb können diese Abwägungen schwer sein. Als ich noch auf dem College war, begannen mein Freund Bill und ich, uns für das schachähnliche Brettspiel Go zu interessieren, das in China erfunden wurde und auch in Korea und Japan verbreitet ist. Wir beide kauften uns Bücher darüber und spielten ein paar Partien zusammen. Doch Bill begann sehr bald, das Spiel sehr ernst zu nehmen. Er machte einen Spieler in der Stadt ausfindig, der auf professionellem Niveau spielte, und nahm bei ihm wöchentliche Unterrichtsstunden. Er spielte auf Turnieren und reiste sogar nach Japan, um mehr über das Spiel zu lernen. Ich aber tat nichts dergleichen. Heute spielt Bill vermutlich in einer typischen Woche mehr Spiele als ich jemals in meinem ganzen Leben. Und nun, 30 Jahre nachdem wir beide dieses Spiel entdeckt haben, ist Bill dabei, die Meisterstufe zu erreichen, während ich ein entschiedener Novize bleibe. Ich weiß nicht, ob Bill mehr Talent für Go hat als ich – als wir beide damit begannen, sah es jedenfalls nicht danach aus –, doch er hat sehr viel mehr Zeit als ich investiert, und das machte den Unterschied.

Einiges an der Herausforderung, eine Balance zwischen Arbeit und Privatleben zu finden, ist darin begründet, dass unser Berufsleben in vielem wie das Lernen von Go ist. Wie weit wir kommen, ist teilweise

Ergebnis dessen, wie viele Stunden wir dafür aufbringen – zumindest bis zu einem gewissen Punkt. Manchmal kommt es zu schrumpfenden Erträgen (dazu bald mehr), doch oft verursacht es tatsächliche Kosten, weniger Zeit mit der Arbeit und mehr Zeit mit anderen Dingen zu verbringen, darunter auch dem Führen eines Familienlebens.

Die meiste Zeit meines Erwachsenenlebens hatte ich sowohl einen Job als auch eine Familie. Als meine Kinder noch Babys waren, übernahm ich die erste morgendliche Schicht mit ihnen. Das heißt, ich stand um vier Uhr morgens auf, sieben Tage die Woche. Wenn die Kleinen gefüttert und angezogen waren, nahm ich sie manchmal mit in einen Bagel-Shop in der Nähe, damit zu Hause Ruhe war, und ich wusste genau, welcher schon um sechs Uhr, welcher um halb sieben und welcher nicht vor sieben Uhr öffnete. Dieser Stundenplan hatte für meine Arbeit ganz direkte Konsequenzen. Ich hörte damit auf, von zu Hause aus zu arbeiten, denn wenn ich zu Hause war, benötigte mein dortiges Leben die volle Aufmerksamkeit. Ich arbeitete nie spätabends, weil ich nach einem langen Tag schlicht zu müde dafür war. Als meine Kinder dann größer waren und zur Schule gingen, brachte ich sie jeden Morgen um neun Uhr dorthin, ging zur Arbeit und war um sechs Uhr abends zu Hause, damit ich mit der ganzen Familie zu Abend essen konnte. Von diesem Stundenplan wich ich nur ab, wenn ich nicht in der Stadt war, aber nur dann. Das wirkte sich auf meine Arbeit aus. Wenn jemand ein Meeting für halb neun morgens ansetzen wollte, oder selbst für halb sechs Uhr abends, musste ich höflich absagen. Es würde mich wundern, wenn ich in zehn Jahren mehr als zehn Ausnahmen von dieser Regel gemacht hätte. Wenn es eine Schulaufführung gab oder eine Geburtstagsfeier in der Schulklasse mitten am Tag, verließ ich dafür die Arbeit.

Wenn ich zurückblicke, verursachten diese selbst auferlegten Einschränkungen in meinem Berufsleben tatsächliche Kosten. Wie schon oben erwähnt hängt die Menge unserer Arbeitsleistung teilweise davon ab, wie viel Zeit wir in die Arbeit investieren, und ich investierte weniger als einige andere Menschen um mich herum. Einige Meetings, die ich verpasste, waren wichtig, und meine Abwesenheit hatte Konsequenzen. Doch letztlich war ich immer in der Lage, das auf die eine oder andere Weise auszugleichen, und ich kann mich nicht über meine Karriereentwicklung beklagen. Ich habe immer wieder Fehler gemacht, doch im Großen und Ganzen funktionierten diese Kompromisse für mich. Vielleicht bin ich in materieller Hinsicht nicht so erfolgreich, wie es möglich gewesen wäre, hätte ich mehr Zeit im Büro verbracht. Doch für meinen Geschmack bin ich erfolgreich genug.

Nun sind meine beiden Kinder Teenager. Einer ist bereits ausgezogen, um aufs College zu gehen. Beide brauchen – und wollen auch – nicht mehr so viel Aufmerksamkeit wie zuvor. Das verschafft mir mehr Zeit, abends oder an den Wochenenden andere Dinge zu tun – dazu gehören auch persönliche Dinge (wie dieses Buch!), manchmal aber auch ein paar arbeitsbezogene. Heute empfinde ich die Freitage nicht mehr als so stressig, weil ich weiß, dass ich am Samstag oder Sonntag ein bisschen nachholen kann. Und ich habe mehr Zeit, an das Wochenende zu denken, als wenn ich versuche, hastig noch eine letzte E-Mail zwischen zwei Meetings oder vor dem Nachhauseilen zu schreiben. Das hilft. Es ist für mich jetzt auch einfacher geworden, früh ins Büro zu gehen oder lange zu bleiben. Insgesamt bin ich sehr viel flexibler wann und wo ich arbeite, als ich es noch war, als die Kinder klein waren, und das hat in den letzten paar Jahren vielleicht auch geholfen, dass meine Karriere Fahrt aufnehmen konnte.

Von diesen Work-Life-Balance-Schwierigkeiten wird gerne behauptet, sie beträfen in erster Linie Frauen, und darunter besonders Mütter, doch ich kann das nicht bestätigen. Neuere Studien bestätigen meine Erfahrung. Erin Reid, Professorin von der Boston University School of Management, stellte fest; »Probleme mit den Anforderungen der Zuwendung zur Arbeit sind weder ein reines Thema für Mütter noch für Frauen«, und dass tatsächlich die meisten Beschäftigten solche Konflikte kennen.[178] Wir alle wissen zu einem gewissen Grad, dass das Leben aus mehr als Arbeit besteht, und jeder hadert damit, die richtige Balance zu finden.

Es gibt keine einfachen Antworten. Die Zeiten, in den ich mit der Balance am zufriedensten war, waren die, wenn ich meine Arbeit und mein Privatleben liebte und von beidem nicht genug bekommen konnte. Und die Zeiten, in denen ich am unzufriedensten war, waren, wenn das eine oder das andere teilweise nicht gut lief. Ich bin ziemlich sicher, dass meine Entscheidungen, die ich jetzt treffe oder in der Vergangenheit getroffen habe, nicht für jeden genau richtig wären. Und ich kann mir vorstellen, dass meine eigene Balance sich in den nächsten Jahren noch weiterentwickeln wird.

Wie wir schon im Kapitel über die Notwendigkeit von Pausen (S. 62) angesprochen haben, ist das permanente Arbeiten selbst für unsere Arbeit nicht gut. Unser Körper und unser Geist sind wie Batterien, die sich im Laufe eines Arbeitstages entladen.[179] Wir müssen uns ausstöpseln, um uns selbst zu regenerieren und damit am nächsten Tag bei der Arbeit wieder unser Bestes geben können. Eine Studie stellte fest, dass »das ständige Nachdenken über die Arbeit, während man zu Hause ist, einen deutlichen Nachteil hat« und uns daran hindere, uns von all dem Arbeitsstress zu erholen.[180]

Auch das tagtäglich immer längere Arbeiten bringt schrumpfende Erträge mit sich. Es kann sogar sowohl für die Produktivität als auch für die Gesundheit schädlich sein. Einmal, zu Anfang meines Berufslebens, arbeitete ich 40 Stunden durch, um eine wichtige Messe vorzubereiten, und wurde tatsächlich ohnmächtig. Das hat niemandem gedient. Doch wenn es im Rahmen bleibt, kann mehr zu arbeiten auch mehr zu leisten bedeuten, und dieses Geleistete wird oft belohnt.

Mein Rat ist es, bewusste Entscheidungen zu treffen. Die Wahrscheinlichkeit, eine perfekte Balance auszuarbeiten, mag vielleicht gering sein, doch die Wahrscheinlichkeit, ganz zufällig darüber zu stolpern, ist gleich null. Ich habe auch festgestellt, dass es hilfreich sein kann, sich anzusehen, wie die Menschen um mich herum damit umgehen – nicht, um es zu bewerten, sondern um zu prüfen, was diese Lösungen für mich bedeuten würden. Ich habe aus den Beispielen anderer gelernt und tue das noch immer. Ich stelle fest, dass viele erfolgreiche Menschen ein ausgiebiges und erfüllendes Leben außerhalb der Arbeit führen, ausgefüllt mit Interessen, Erlebnissen und Beziehungen, aus denen sie große Freude schöpfen. Das ermutigt mich und Sie hoffentlich auch.

Eine gesunde Balance scheint einfacher erreichbar zu sein, wenn Sie mit Ihrer Lebensgestaltung außerhalb der Arbeit relativ zufrieden sind. Mögen Sie, was Sie bei der Arbeit und in Ihrem Privatleben tun, gleichermaßen, dann werden Sie ganz von selbst eine ausgeglichene Balance anstreben wollen. Ihre Motivation ist damit gut justiert. Doch wenn Sie unglücklich sind und sich immer auf die jeweils andere Seite wünschen, dann ist es sehr viel schwerer, sich über den Ausgleich klar zu werden. Ich fand es manchmal einfacher, sich darauf zu konzentrieren, das Beste aus beiden Seiten herauszuholen, als die exakt richtige Aufteilung zu finden.

Wir sollten uns auch bewusst machen, dass das Suchen und Finden dieser Balance ein Segen ist – und ein Privileg. Über einen großen Teil der Menschheitsgeschichte hinweg war das Arbeiten eine Frage des Auskommens und des Überlebens. In dieser Hinsicht hatten wir nie viel Wahlfreiheit. Das gilt noch heute für viele Anfänger- und Mindestlohnjobs.[181] Wenn Sie die Möglichkeit haben, selbst zu bestimmen, wann und wie viel Sie arbeiten, dann gehören zu den Glücklichen.

Doch wie viel Zeit Sie den einzelnen Aktivitäten widmen, mit denen Sie Ihr Leben füllen, ist niemals eine einfache Entscheidung. Versuchen Sie aber, es zu *Ihrer* Entscheidung zu machen. Entscheiden Sie, was Ihnen wichtig ist, und widmen Sie sich diesen Dingen entsprechend. Versuchen Sie, nicht Ihren Job – oder jemand anders – diese Entscheidung für Sie treffen zu lassen.

Dieser Ratschlag gilt nicht nur für die Arbeit. Wie im allerersten Kapitel (S. 20) schon beschrieben, zählte Buddha viele Segnungen im Leben auf, Dinge, die »Wohlbefinden und Freude für die ganze Welt bringen.«[182] Darunter waren lebenslanges Lernen, Zeit mit Freunden verbringen, ein Zuhause finden, eine Familie versorgen, anderen helfen, und, ja, das Arbeiten in einem ehrlichen Beruf.

Manchmal wird die Herausforderung, eine Balance zwischen Arbeit und insbesondere der Familienzeit zu finden, auch als eine Sache der Fairness dargestellt. Es scheint *falsch* zu sein, dass jemand, der Zeit damit verbringt, eine Familie zu versorgen, weniger erfolgreich sein sollte als jemand, der das nicht tut. Es fühlt sich ungerecht an. Und auf gewisse Weise ist es das auch. Es ist aber auch ungerecht, dass jemand, der keine Zeit mit seiner Familie verbringt, *keine Zeit mit seiner Familie verbringt.* Dieser Mensch versäumt unzählige erfüllende und bedeutende Erfahrungen, und seiner Familie fehlt jemand, der ein lebendiger und geschätzter Teil ihres Lebens sein könnte.

Letztlich steht uns nur eine begrenzte Zeit auf dieser Erde zur Verfügung, in der wir uns all unseren Leidenschaften widmen können: nicht nur der Arbeit und Familie, sondern auch körperlicher Aktivität und Schlaf, Hobbys und anderen Interessen und unseren spirituellen Praktiken. Wir können nicht alles machen – solange wir unsere Zeit der einen Sache widmen, können wir sie nicht mit etwas anderem verbringen. Das kluge Aufteilen erfordert nicht nur wohlüberlegte Entscheidungen, sondern auch bewusste Abwägungen. Das heißt aber nicht, dass wir nicht dennoch viel tun könnten und zu keiner ausgewogenen Verteilung in der Lage wären, die zufriedenstellend und erfüllend wäre. Es liegt in unserer Hand, jeden Moment zu nutzen.

Ein Grundlagentext der Soto-Zen-Schule des Buddhismus, der *Sandokai* oder »Die Einheit von Essenz und Erscheinung«, endet mit folgender Ermahnung: »Verschwende keine Zeit.«[183] Das ist vermutlich der beste Rat von allen.

Kapitel 18: Sie sind nicht Ihr Job

Bevor Sie dieses Kapitel lesen, sollten Sie sich lieber hinsetzen, denn ich habe eine Mitteilung für Sie, die für Sie vielleicht schwer zu verdauen ist. Neben den vielen Erkenntnissen Buddhas gibt es eine, die ein bisschen irrsinnig klingen könnte.

Sie existieren nicht.

Um eines klarzustellen: Buddha meinte damit nicht, dass nichts existiere. Er sagte nicht, dass die ganze Welt ein Traum oder eine Illusion sei. Er behauptete auch nicht, dass wir alle in der Matrix lebten. Er meinte etwas leicht Subtileres als das.

Der physische Körper, den die meisten Menschen »Du« nennen, ist real. Wirft jemand einen Ball in Richtung Ihres Kopfes, wird der Ball daran abprallen und nicht einfach hindurchfliegen. Es geht darum, dass Ihr Körper nicht wirklich *Ihrer* ist. Auch irgendetwas anderes nicht. Und wenn es nichts gibt, was wirklich Ihnen gehört, dann könnte es sein, dass es gar kein *Du* gibt.

Stellen Sie sich vor, Sie haben ein Auto, bei dem Sie ein Rad wechseln. Sie würden wahrscheinlich sagen, es sei noch immer Ihr Auto. Und was, wenn Sie alle vier Räder austauschten? Vermutlich kommt es ihnen immer noch als Ihr Auto vor. Aber was, wenn irgendjemand über Nacht sämtliche Teile Ihres Autos mit Teilen von anderen Autos ersetzt hat? Was macht das Auto dann noch zu Ihrem Auto? Ist es nicht eher ein neues Auto, das auf demselben Platz geparkt wurde?

Doch wenn es nicht mehr Ihr Auto ist, wann hat es damit aufgehört, es zu sein? Als das erste Teil ausgetauscht wurde? Das kann es nicht sein – dann bekämen wir immer schon dann, wenn wir den Ölfilter wechselten, ein »anderes« Auto. Oder ist es erst dann, wenn das letzte Teil ersetzt wird? Das kann es genauso wenig sein – dann müsste jedes beliebige Auto, das dieses letzte Teil montiert bekommt, zu Ihrem werden. Und was wäre, wenn es zehn Jahre dauerte, bis jedes einzelne

Teil einmal ausgetauscht wäre – wie könnte das Auto dann auf magische Weise am letzten Tag zum Auto eines anderen werden?

Wenn das Auto mit den neuen Teilen also nicht Ihr Auto ist und wir keinen speziellen Zeitpunkt festlegen können, zu dem es aufhörte, Ihr Auto zu sein, dann kann es nur so sein, dass es niemals wirklich Ihr Auto war. Der Begriff »mein Auto« ist genau das – ein Begriff, eine Vorstellung. Im engeren Sinne ist das Auto nicht *real*. Es gibt in der Realität kein A und O, das Ihr Auto ausmacht. Ein Zen-Buddhist würde sagen, Ihr Auto ist *leer* – womit er nicht meinte, dass keine Fahrgäste darinsitzen, sondern dass es keine wesentlichen Dinge besitzt, die es zu Ihrem Auto machen.

Nun betrachten Sie sich selbst einmal, wie Sie vor fünf oder zehn Jahren waren – oder auch noch früher, wenn Sie dazu schon alt genug sind. Vielleicht haben Sie nicht im wörtlichen Sinne irgendwelche entscheidenden Teile ausgetauscht (obwohl das ja durchaus sein könnte), dennoch ist Ihr Körper nicht mehr der, der er mal war. Einzelne Zellen sind gekommen und wieder verschwunden. Sogar alle Atome, die die physische Substanz Ihres Fleisches oder Ihrer Knochen bilden, sind gegen andere Atome ausgetauscht worden. Auch Ihre Gedanken haben sich verändert. Ihre Erinnerungen sind andere. Sogar Ihre Persönlichkeit könnte eine andere sein. Hoffen wir, dass Sie im Laufe der Jahre erwachsener geworden sind. Vielleicht sind Sie geduldiger geworden. Vielleicht auch ungeduldiger – auch das kann vorkommen. Vielleicht sind Sie zufriedener. Oder Sie sind wütender. Doch eines ist sicher – Sie sind nicht mehr der- oder dieselbe.

Nun sind wir mit demselben Dilemma konfrontiert wie bei dem Auto. Wenn sich so viele Teile von Ihnen verändert haben, in welcher Hinsicht ist es noch dasselbe *Du*? Und wenn Sie nicht mehr dasselbe Du sind, dann waren Sie vielleicht niemals, von Anfang an nicht, dieses *Du*.

Dieses wesentliche Paradox ist es, das Buddha entdeckte – dass die Menschen auf die gleiche Weise leer sind wie Autos.* Alles, was uns

---

* Natürlich kannte Buddha noch keine Autos. Aber weil er lehrte, dass alle Dinge leer sind, hätte er die Autos auch einbezogen.

betrifft, ändert sich permanent. Und wie könnte etwas, das so sehr veränderlich ist, unser substanzielles Selbst sein?[184] Solange es kein unveränderliches Ding gibt, das unser wahres Selbst definiert, gibt es vielleicht überhaupt kein Selbst.

Als Buddha also sagte, dass Sie nicht existieren, meinte er damit nicht, dass Ihr Körper nicht existiert oder Ihr Geist nicht existiert. Beide tun es. Er meinte damit nur, dass aus der Nähe betrachtet kein *Du* enthalten ist. Und jedes Mal, wenn Sie beide, Ihren Körper und Ihren Geist, betrachten, sehen Sie etwas leicht Verändertes.

Lassen Sie uns das jetzt auf die Arbeitswelt übertragen. Viele definieren sich über ihre Arbeit, ihren Berufsweg. Auch wir definieren andere auf diese Weise. Wenn wir jemanden kennenlernen, stellen wir meist gleich zu Beginn die Frage »Was machst du?« und meinen damit die berufliche Situation. Und das, obwohl unsere Jobs sich ständig verändern, wie die Autoteile oder unsere Zellen. Tut irgendwer in seinem Job wirklich noch immer genau das, was er dort schon vor zehn Jahren getan hat? Oder vor fünf? Wie wäre das auch möglich? Die Welt verändert sich derartig schnell. Die Kunden ändern sich, die Mitbewerber ändern sich, die Technik ändert sich, Gesetze und Regeln ändern sich. Ganze Unternehmen, ganze Industrien kommen und gehen. Ist *irgendetwas* überhaupt noch dasselbe?

Die ehrliche Antwort auf die Frage »Was mache ich?« fiele jedes Jahr anders aus, vielleicht sogar jeden einzelnen Tag. Wie könnte also etwas, das sich so oft verändert, uns definieren?

Vielleicht sind Sie nicht bereit, Buddhas Lehre, es gebe kein *Du,* gänzlich zu akzeptieren. Das ist okay – die Vorstellung ist ja auch fremd und kompliziert. Doch selbst wenn Sie sicher sind, dass es da ein grundlegendes Du gibt, das trotz aller unvermeidlichen Veränderungen – all dieses Austausches von Teilen – konstant bleibt, kann das nichts mit Ihrer Arbeit zu tun haben. Sie könnten schon morgen Ihren Job verlieren. Sie könnten kündigen. Ihr Unternehmen könnte pleitegehen. Ihr Chef könnte verrückt werden. Solche Dinge geschehen! Mir sind sie passiert. Wenn das, was Ihr *Du* ausmacht, Jahr um Jahr alle physikalischen und mentalen Veränderungen überlebt, dann kann es nicht davon abhängig sein, wer Ihr Gehalt überweist.

Sie sind nicht Ihr Job. Was auch immer Ihr *Du* ist – Ihr Job ist es mit Sicherheit nicht.

Und wenn Sie nicht Ihr Job sind, dann sind auch Ihre Kollegen nicht *deren* Jobs. Das sollten wir im Hinterkopf behalten, wenn wir bei der Arbeit Meinungsverschiedenheiten haben. In diesem Moment wirkt der Kollege vielleicht wie ein weiteres Hindernis auf dem Weg zu dem, was Sie erreichen wollen. Doch wie frustrierend und inkompetent der Kollege auch erscheinen mag, er ist nicht das reale Er. Er definiert sich nicht mehr über seine Arbeit, als Sie selbst es tun.

Das ist ein Grund dafür, dass man Konflikte bei der Arbeit niemals persönlich werden lassen sollte.* Ihr Kollege ist genauso wie Sie eine vollständige Person. Auch wenn Sie sich ziemlich gut kennen, können Sie vermutlich nicht wissen, was in diesem exakten Moment in ihm vorgeht. Er könnte gerade einen Liebhaber oder einen Freund verloren haben. Er könnte für die Pflege eines kranken Kindes oder Elternteils verantwortlich sein. Oder er hat einfach nur die Mittagspause vergessen. Was auch immer vor sich geht, Sie können sicher sein, dass mehr dahintersteckt, als Sie sehen können. Sein Leben ist so kompliziert und chaotisch wie Ihres und sein Arbeitsplatz ist nur ein kleiner Streifen dieses komplizierten Wandteppichs.

Wenn wir uns über unsere Arbeit definieren, dann machen wir uns für alle Arten von Leiden empfänglich. Wir setzen uns unzähligen Enttäuschungen aus, wenn bei der Arbeit etwas schiefläuft. Wir beginnen, uns an unseren Job zu klammern, immer in der Angst, ihn zu verlieren. Buddha lehrte, dass die Wurzel allen Leidens nicht nur in den augenscheinlichen Dingen wie Gier oder Hass liegt, sondern auch in der Einbildung. Und die Einbildung, dass wir *sind* was wir *tun*, ist eine besonders gefährliche.

---

* Ein weiterer Grund ist der, dass das einfach nicht gut funktioniert. Wir Menschen sind sehr viel eher zu Kompromissen bereit, wenn man unsere Vorstellungen und nicht unsere gesamte Existenz kritisiert.

Wenn wir nicht unsere Jobs sind, was heißt das dann für alle anderen Identitäten? Mit dieser Frage beschäftigen sich Buddhisten schon seit langem – und tun es weiterhin.

Die Zen-Meisterin angel Kyodo Williams schreibt, dass hinter Buddhas Aussage »Jeder Mensch, ungeachtet von Kaste, Rasse, Glauben oder Geburt trägt das Potenzial zur Erleuchtung in sich« ein wirklich radikales Ethos steht.[185] Die Erleuchtung ist in vielerlei Hinsicht das höchsterreichbare Level des Spiels. Doch unser uns innewohnendes Einssein, unsere grundsätzlichen menschlichen Gemeinsamkeiten löschen nicht die Unterschiede aus. Wir alle tragen unsere individuelle Leidensgeschichte zur Arbeit – Leiden, das für viele mit Kategorien wie Rasse, Sexualität und Geschlecht zu tun hat. Der Zen-Meister Zenju Earthlyn Manuel stellt fest, dass »Einssein« nicht »gleich sein« bedeutet.[186] Die Tatsache, dass alle Autos leer sind, macht einen Honda noch lange nicht zu einem Ford. Auch zwischen uns gibt es Unterschiede.

Ein Arbeitsplatz war noch nie für alle gleichermaßen zugänglich – und auch die buddhistische Sangha kämpfte damit, wirklich integrativ zu sein. Die Leere des Selbst ändert nichts an dieser bitteren Wahrheit. Doch wenn wir erkennen, dass wir nicht unsere Jobs sind, kann das all unseren anderen Identitäten Raum zur freien Entfaltung schaffen. Es hilft uns dabei, diejenigen, die mit uns zusammenarbeiten, als die zu sehen, die sie wirklich sind. Es hilft uns, alle Dimensionen menschlichen Leidens anzuerkennen und zuzuordnen. Wenn Sie einer traditionellen Randgruppe angehören, ersetzt Ihr Job nicht Ihre Identität. Sie bringen Ihre Identität mit und haben dasselbe Recht bei der Arbeit wie alle anderen. Wenn Sie sich unter den traditionell Privilegierten befinden, dann können Sie sich selbst dazu verpflichten, Ihre Kollegen in der ganzen Verkörperung ihres Seins willkommen zu heißen und zu schätzen. Das ist der Kern von Buddhas radikaler Aussage – dass alles möglich ist, unabhängig von unserer Gestalt.

Kapitel 19: Mit Ablenkungen zurechtkommen

Die Welt ist ein Ort voller Ablenkungen und obwohl die Ablenkungen zweifellos immer mehr zunehmen, ist das doch in keiner Hinsicht ein neuzeitliches Problem. Wie der Futurist und Bestsellerautor Alex Pang in seinem meisterhaften Buch *The Distraction Addiction* (Die Ablenkungs-Abhängigkeit) schreibt: »Die Menschen mussten schon immer mit Ablenkungen und mangelnder Konzentration zurechtkommen – und haben über Tausende von Jahren Techniken kultiviert, die sie effektiv in Angriff nehmen.«[187]

Lassen Sie mich zu Beginn ein Geständnis ablegen: Ich bin *sehr* leicht abzulenken. Wenn ich in einem Restaurant mit laufendem Fernseher sitze, kann ich den Blick nicht davon abwenden. Wenn ich jemanden am Nebentisch reden höre, kann ich meinen eigenen Gesprächspartnern nicht mehr folgen. Wenn ich mein Smartphone zur Hand nehme, um nachzusehen, wie spät es ist, kann es gut sein, dass ich es für die nächsten zehn Minuten nicht mehr weglege.

In anderen Worten: Ich kann mich nicht gut konzentrieren. Daran muss ich arbeiten. Vor Jahren nahm ich immer meinen Laptop in Meetings mit, weil ich es für effizient hielt, während der sich müde hinschleppenden Phasen meine Mails zu checken. Doch dann erkannte ich, dass ich den Menschen um mich herum keine Aufmerksamkeit mehr schenkte, manchmal sogar vergaß aufzustehen, wenn das Meeting zu Ende war. Nun lasse ich meinen Computer auf dem Schreibtisch – und versuche, mein Smartphone in der Tasche zu behalten.

Smartphones sind natürlich eine sehr große Ablenkungsquelle. In Studien zeigt sich, dass ihre Nutzung »die Reaktionszeit erhöht, die Konzentration reduziert und die Leistung verringert.«[188] Deshalb ist, einer Schätzung zufolge, fast ein Viertel aller Verkehrsunfälle auf die Ablenkung durch das Smartphone zurückzuführen.[189]

Das Problem ist, dass wir viel, viel schlechter im Multitasking sind, als wir denken. Egal, was wir uns selbst einreden. »Es kann in jedem Moment nur einer beschränkten Menge an Informationen Beachtung geschenkt werden.«[190] Wir glauben vielleicht, ein halbes Dutzend Aufgaben meisterhaft auf einmal jonglieren zu können, doch tatsächlich wechseln wir zwischen ihnen sehr ineffizient hin und her und unterbrechen dabei immer wieder unsere Konzentration.

Buddha legte auf die Konzentration großen Wert, vieles in seinen Meditationslehren drehte sich darum, wie man in tiefere und noch tiefere Stadien der Konzentration gelangt, die er »Bindungen« nannte.[191] Doch Sie müssen kein erfahrener Denker oder Yogi sein, um diesen Wert zu verstehen. Wir alle haben schon die Erfahrung gemacht, völlig in einer Sache aufzugehen. In der Populärpsychologie spricht man dabei vom »Flow«, der definiert werden kann als der »subjektive Zustand, von dem Menschen berichten, die völlig mit einer Sache befasst sind, sodass sie Zeit, Müdigkeit und alles andere bis auf die Sache selbst vergessen.«[192] Es kann eine beglückende Erfahrung sein – und auch eine extrem produktive. Doch der Flow ist sehr fragil.

Ablenkung ist der Feind des Flows. Schon allein das Klingeln eines Smartphones – nicht Ihres, sondern das eines anderen – reicht aus, um die Konzentration messbar zu unterbrechen. In einer Studie, in der Schüler beim Unterricht durch ein klingendes Telefon gestört wurden, schnitten diese in einem unangekündigten Test schlechter ab als die, die diesem Unterricht ohne Störung folgten.[193]

Multitasking ist im Wesentlichen eine Form von absichtlichen Ablenkungen. Das Hin- und Herwechseln zwischen unterschiedlichen Aufgaben unterbricht unser Arbeitsgedächtnis, ein Effekt, der mit dem Alter nur schlimmer wird.[194] In einer kanadischen Studie schnitten die Studenten, die während der Vorlesung einen Laptop benutzten, in einem anschließenden Test schlechter ab – vielleicht keine wirkliche Überraschung. Doch selbst die Studenten, die lediglich neben einem Laptopnutzer saßen, waren so abgelenkt, dass auch sie noch 17 Prozent weniger Punkte bekamen.[195] Wie der große buddhistische

Mönch Shantideva sagte, ist ein abgelenkter Geist »für überhaupt keine Arbeit geeignet.«[196]

Was machen wir jetzt mit all diesen Ablenkungen? Die Meditation hilft. Die meisten glauben, bei der Mediation gehe es um das Klären des Geistes und darum, zur Ruhe zu kommen, doch das ist nur die halbe Wahrheit. Eigentlich geht es bei der Meditation darum, was passiert, wenn wir aufhören zu meditieren. Ein wichtiger Grund, aus dem wir Achtsamkeit in einem stillen Raum abseits von allen Ablenkungen ausüben, ist, dass wir uns später dieser Fähigkeit bedienen können, wenn wir in einem lärmigen Büro, umringt von schnatternden Kollegen, sitzen. Unsere ganze Aufmerksamkeit bei der Meditation auf unsere Atmung zu lenken, stärkt unsere Fähigkeit, uns im Alltag zu konzentrieren, genauso wie das Gewichtestemmen im Fitnessstudio unsere Muskeln stärkt und uns dazu befähigt, überall schwere Dinge zu heben.

Sie können es sich auch leichter machen, indem Sie alle unnötigen Ablenkungen so weit wie möglich ausschließen. Legen Sie Ihr Smartphone weg – am besten an eine Stelle, wo Sie es nicht sehen. Legen Sie einen Zeitplan dafür fest, wann Sie Ihre E-Mails oder Twitter checken, sodass Sie nicht ständig hineinklicken. Schließen Sie überflüssige Fenster auf Ihrem Bildschirm. Gehen Sie sogar komplett offline. Es gibt Apps, die Ihre Zeit im Netz tracken und Sie zu bestimmten Zeiten einfach vom Netz trennen – probieren Sie es aus, wenn Sie es brauchen. Verlassen Sie eventuell Ihren Schreibtisch, wenn es Menschen gibt, die dazu neigen, Sie dort zu stören. Genehmigen Sie sich selbst eine längere Zeit offline – eine Stunde oder mehr –, um sich auf eine bestimmte Aufgabe zu konzentrieren.

Wenn Sie zu Hause arbeiten, bekommen Sie es noch mit anderen Ablenkungen zu tun, denn das ganze Leben umringt Sie dort, wenn Sie versuchen zu arbeiten. Schaffen Sie sich, wenn möglich, einen Platz, der nur für Ihre Arbeit da ist – selbst, wenn Sie ihn jeden Tag auf- und wieder abbauen müssen. Wenn Sie am Küchentisch arbeiten, dann tun Sie dort *nichts* anderes. Setzen Sie sich zum Essen woandershin, sodass Sie nicht dazu verleitet werden, gleichzeitig zu essen und zu arbeiten. (Dazu mehr im nächsten Kapitel (S. 132)!) Versuchen Sie, Ihre Arbeitsaufgaben und Ihre Haushaltstätigkeiten auseinanderzuhalten, und machen Sie sich Zeitpläne für beide. Wenn es Zeit für die Arbeit ist, dann hören Sie auf, das Geschirr zu spülen oder das Wohnzimmer aufzuräumen, so wie Sie es auch täten, wenn Sie aus dem Haus eilen müssten. Wenn sich während Ihrer Arbeitszeit noch andere im Haus aufhalten, vor allem Kinder, ist es umso wichtiger – und natürlich auch schwerer –, sich einen eigenen Platz für die Arbeit zu schaffen. Geben Sie sich selbst gegenüber ehrlich zu, was Sie erreichen können, und quälen Sie sich nicht damit, indem Sie zu viel auf einmal schaffen wollen, wenn das Privatleben Ihre Aufmerksamkeit verlangt.

Es gibt noch etwas, was mit Multitasking vergleichbar ist.[197] Weil wir unsere Ohren nicht auf dieselbe Weise wie unsere Augen schließen können, hat unser Gehirn gelernt, mit akustischen Ablenkungen besser umzugehen als mit optischen. Deshalb finden es viele Menschen zum Beispiel tatsächlich einfacher zu arbeiten, wenn Musik läuft. (Meine Tochter behauptete gerne, sie könne mit dem im Hintergrund laufenden Fernseher besser arbeiten, doch sie hörte nur zu und sah nicht hin.) Ich selbst scheine mit Kopfhörern nicht gut arbeiten zu können, aber viele meiner Kollegen schwören darauf und tragen sie, um die meiste Zeit des Tages Musik zu hören. Ich spreche mit meinen Kollegen gern, während wir dabei herumgehen, wodurch ich mich besser auf das konzentrieren kann, was sie sagen, als wenn wir nur allein in einem Raum säßen. Um Alex Pang noch einmal zu zitieren: »Diese Arten von Multitasking fördern den Flow« eher, als dass sie ihn stören.[198]

Letztlich müssen Sie selbst die Methode finden, die zu Ihnen passt. Während ich schreibe, habe ich gerne alle Bücher um mich herum versammelt, was auf viele Menschen chaotisch und störend wirkt. (Gerade jetzt habe ich sechs aufgeschlagene Bücher in Reichweite.) So kann ich mich am besten konzentrieren. Ich ziehe es bei den meisten Aufgaben vor, in Stille zu arbeiten, doch ich liebe es, Musik oder einen Podcast zu hören, wenn ich Geschirr spüle oder Auto fahre. In Meetings versuche ich, so gut ich kann, das Smartphone nicht in die Hand zu nehmen – weil ich weiß, dass meine Konzentration hinüber ist, wenn ich immer wieder einen Blick darauf werfe.

Ihre Methoden, sich zu konzentrieren, sind vielleicht andere. Lernen Sie sie kennen. Schenken Sie Ihrer Aufmerksamkeit Aufmerksamkeit – wann haben Sie sie und wann nicht? Nehmen Sie die Dinge wahr, die Ihren Flow im Laufe des Tages fördern oder stören. Versuchen Sie nicht, ständig zwischen zwei Aufgaben zu wechseln.

Der Zen-Meister Shunryu Suzuki sagte einmal zu seinen amerikanischen Studenten: »Bei euch gibt es den Spruch ›zwei Vögel mit einem Stein töten‹ (auf Deutsch vergleichbar mit »zwei Fliegen mit einer Klappe schlagen«, Anm. d. Ü.), doch unser Weg ist, nur einen Vogel mit einem Stein zu töten.«[199] Ich möchte nicht, dass Sie überhaupt Vögel töten, doch ich denke, Sie sind sehr viel produktiver, wenn sie sich jeweils auf einen Vogel konzentrieren.

Kapitel 20: Um das Mittagessen betteln

Buddha betrachtete Essen als unentbehrliche Lebensnahrung[200] und ich kann ihm da nur beipflichten. Es gibt weniges, was für die Gesundheit so wichtig ist, wie das Wie und Was des Essens. Basierend auf Buddhas Regeln für Mönche und Nonnen habe ich als Co-Autor ein ganzes Buch zum Thema Essen verfasst* und zahllose andere haben mit eigenen Büchern über das Essen, das Diäthalten und die Ernährung zu diesem Thema beigetragen.

Doch wenn ich nur eine einzige Regel aufstellen sollte, die sich auf das Essen und Arbeiten bezieht, dann wäre es diese: Bitte essen Sie nicht an Ihrem Schreibtisch.

Ob Sie es glauben oder nicht, aber Buddha hat sich viel mehr damit befasst, *wie* und *wann* seine Schüler essen, als *was* sie essen. Viele gehen heute davon aus, dass Buddha Vegetarier war, aber das war er nicht. Seine Philosophie lautete vielmehr, Bettler könnten nicht wählerisch sein, daher aß er, was immer ihm die Dorfbewohner täglich anboten.

Doch etwas, was Buddha nicht tat, war das Multitasking beim Essen.

Leider wird es allmählich zu einer Seltenheit, bei der Arbeit eine echte Mittagspause zu machen. Die New York Times schätzte im Jahr 2016, dass 62 Prozent aller Berufstätigen in Amerika ihre Mahlzeit am Schreibtisch einnehmen.[201] Zu denen sollten Sie auf keinen Fall gehören. Ich sage das nicht, weil es unordentlich und unhygienisch ist, obwohl es das durchaus auch ist. Forscher einer Universität in Arizona fanden an 47 Prozent aller untersuchten Schreibtische Viren für grippale Infekte,[202] mehr als in den meisten Badezimmern. Vielleicht sollten Sie besser auf der Klobrille essen. Dieselben Forscher stellten auch fest, dass Schreibtischkeime hauptverantwortlich für die Verbreitung von ansteckenden Krankheiten sind.[203] Das Essen am Schreibtisch ist

---

* »Wie Buddha das Intervallfasten erfand«, das ich zusammen mit meiner Freundin Tara Cottrell geschrieben habe.

definitiv widerlich, aber darum geht es mir gar nicht. Das ist Ihre Sache.

Als Buddha seine Anhänger dazu aufforderte, »mit der Aufmerksamkeit auf die Schüssel« zu essen,[204] tat er das nicht, weil er sich um die Hygiene sorgte. Er wollte, dass sie sich auf das, was sie aßen, konzentrierten. Er wollte, dass wir achtsam essen und nicht achtlos futtern. Er sah die Mahlzeiten als Zeit der Meditation.

Für Sie mag das jetzt nach einem unvorstellbaren Luxus klingen. Wir sind so sehr auf das Multitasking getrimmt, dass uns schon die Vorstellung, nichts anders zu tun als zu essen wie Faulenzerei erscheint. Das ist es aber nicht. Wir wissen, dass uns eine gelegentliche Pause produktiver machen kann und nicht etwa weniger produktiv. Das Mittagessen ist die perfekte Gelegenheit, das in die Tat umzusetzen.

Sie müssen nicht unbedingt eine ganze Stunde Pause machen – obwohl ich das so oft wie möglich tatsächlich zu tun versuche. 30 Minuten reichen den meisten Menschen, um eine Mahlzeit zu essen, ohne sie herunterzuschlingen, zur Not sind sogar 20 Minuten genug. (Ich halte mir normalerweise eine ganze Stunde im Terminkalender dafür frei in dem Wissen, dass ich meistens einen Teil meiner Pause für die Arbeit abknapse, ich aber trotzdem immer noch genug Zeit habe, in Ruhe zu essen.)

Wie auch bei anderen Pausen besteht das Wesentliche einer erholsamen Mittagspause darin, die Zeit selbst im Blick zu haben. Wenn Sie es mögen, mit Kollegen zusammenzusitzen, dann sollten Sie unbedingt jemanden dazu einladen, Ihnen Gesellschaft zu leisten. Wenn Sie Smalltalk zum Gähnen finden – und das geht vielen Menschen so[205] –, dann suchen Sie sich lieber ein ruhiges Plätzchen zum Essen. Noch besser ist es, wenn Sie rausgehen können.[206] Die einzige Regel ist die, beim Essen nicht weiterzuarbeiten.

Für Buddha galt das achtsame Essen nicht nur als ein nützliches Meditationswerkzeug – er sah es auch als gut für die Gesundheit an. In einer Erzählung sucht ein übergewichtiger König Buddha auf, nachdem er wahre Berge von Reis und Curry verschlungen hatte und so voll war, dass er nur noch schnaufen und keuchen konnte. Buddha warf einen Blick auf ihn und sprach dann folgende Verse:

Wenn ein Mann stets achtsam ist,
Sich beim Essen mäßigen kann,
Dann reduzieren sich seine Leiden,
Er altert langsamer und schützt sein Leben.[207]

Der König war vom Konzept des achtsamen Essens so beeindruckt, dass er einen jungen Höfling anstellte, der ihm vor jeder seiner Mahlzeiten diese Verse aufzusagen hatte. Und durch das Praktizieren des achtsamen Essens wurde der König, den Schriften zufolge, tatsächlich »ziemlich dünn«. Der gelehrte Mönch Bhikkhu Anālayo fasst es so zusammen: »Als Folge davon, regelmäßig vor jedem Essen an die Notwendigkeit der Achtsamkeit beim Essen erinnert zu werden, wurde sich der König seiner Neigung, zu viel zu essen, bewusst und verlor nach und nach an Gewicht.«[208]

Ich kann zwar nicht versprechen, dass eine Mittagspause die Gewichtsprobleme auf der Welt lösen würde, aber heutige Studien bestätigen immer wieder, dass Achtsamkeit einen nützlichen Teil jeder Diät bildet.[209] Wenn wir unsere Aufmerksamkeit darauf lenken, was wir essen, können wir auch eine bessere Wahl treffen. Wir tendieren dann dazu, gesünder und weniger zu essen.

Dieser Rat bezieht sich auch auf das Snacken zwischendurch. Widerstehen Sie der Versuchung, sich eine Handvoll Schokolinsen zu grabschen, wenn Sie am Empfang vorbeigehen, oder sich beim Schreiben eines Protokolls mit Kartoffelchips vollzustopfen. Wenn Sie zwischen zwei Mahlzeiten hungrig sind, ist es okay zu essen. Aber tun Sie es bewusst. Nehmen Sie sich fünf Minuten Zeit, setzen Sie sich irgendwohin und essen Sie diese Chips. Denken Sie an das, was Sie essen. Hören Sie mit dem Essen auf, wenn Sie nicht mehr hungrig sind. Essen Sie, um Ihren Körper zu versorgen – und nicht, um die Zeit totzuschlagen.

Wenn wir schon über das Essen bei der Arbeit sprechen, sollten wir das Trinken nicht vergessen – das Trinken von Alkohol insbesondere. Das Trinken bei der Arbeit hat eine lange und legendäre Geschichte (jeder Fan der TV-Serie *Mad Men* kann das bescheinigen), und fast alles davon ist negativ (wie jeder Fan der TV-Serie *Mad Men* ebenfalls bescheinigen kann).

Sicher keine Überraschung: Es gibt genügend Beweise dafür, dass Alkohol zu einer Menge Probleme am Arbeitsplatz beiträgt.[210] Nahezu alles in diesem Zusammenhang scheint schlecht zu sein. Das Trinken bei der Arbeit führt zu geringerer Produktivität, zu gesundheitlichen Problemen und zu mehr Fällen von Fehlverhalten jeder erdenklichen Art. Eine über 14 Jahre durchgeführte europäische Studie stellte fest, dass exzessive Trinker ein höheres Risiko haben, ihren Job zu verlieren, sie damit zwar ihr Problem des Trinkens am Arbeitsplatz »lösen«, aber damit auch eine Menge anderer Herausforderungen für sich selbst und die breite Gesellschaft schaffen.[211]

Alkohol gehört zu den Dingen, für die Buddha keinen mittleren Weg zu befürworten schien. Er war schlicht und ergreifend dagegen. Er verbot seinen Mönchen und Nonnen das Trinken jeder »berauschenden Flüssigkeit« sowie die Einnahme von aufputschenden Drogen. Auch Laien riet er dringlich davon ab. Er listete sechs Gefahren durch Alkoholkonsum auf: »Verarmung, Streitlust, eine Menge Krankheiten, schlechtes Ansehen, das Entblößen und das Schwächen des Intellekts.«[212] So ziemlich alle davon können Probleme bei der Arbeit verursachen – besonders bei der Weihnachtsfeier.*

Mein Rat lautet: Wenn Sie trinken wollen, dann halten Sie das Trinken und das Arbeiten so getrennt wie möglich. Sie können sich ein Glas Wein zum Einläuten des Feierabends gönnen, aber alles, was darüber hinausgeht, und alles, was während der Arbeitszeit passiert, schreit geradezu nach Schwierigkeiten. Und wenn Sie in Ihrem ganzen Erwachsenenleben noch nie eine längere abstinente Phase hatten,

---

* Selbst das »Entblößen« passiert im wahrsten Sinne des Wortes, und das ist ziemlich übel.

sollten Sie das mal ausprobieren. Ich habe das Trinken in meinen Dreißigern nach und nach aufgegeben und stelle fest, dass es mir ohne Alkohol im Leben besser geht. Vielleicht geht es Ihnen ebenso.

Das Wichtigste ist, Essen oder Trinken nicht zu einer weiteren Ablenkung werden zu lassen. Das Mittagessen ist eine hervorragende Gelegenheit, eine Pause zu machen, die physischen und mentalen Batterien wieder aufzuladen und sich in Achtsamkeit zu üben, wenn auch nur für ein paar Minuten. Lassen Sie diese Gelegenheit nicht verstreichen, indem Sie ein Sandwich oder einen Salat verschlingen, während Sie ein Dutzend anderer Dinge tun.

Kapitel 21: Wie würde Buddha eine Entlassung gestalten?

Viele finden sich in der modernen Arbeitswelt irgendwann selbst auf die ein oder andere Weise als Führungskräfte oder Vorgesetzte wieder. Den Angaben des Bureau of Labor Statistics (Büro für Arbeitsstatistik) zufolge befanden sich fast zwölf Prozent aller US-amerikanischen Beschäftigten im Jahr 2017 in »Management-Postionen«.[213] Zur Verdeutlichung: Das sind beträchtlich mehr als alle im Gesundheitswesen Arbeitenden zusammen – Ärzte, Zahnärzte, Krankenschwestern und -pfleger etc. Es sind mehr Menschen als im Gastgewerbe oder in der Fabrikation. Wahrscheinlich überrascht es nicht, dass sich der Prozentsatz mit dem Alter und der Erfahrung erhöht: Bei den über 45-Jährigen sind es mehr als 14 Prozent. Und die Zahlen steigen. Das Management ist einer der größten und am schnellsten wachsenden Bereiche der modernen Wirtschaft.

Buddha war kein Chef. Weder stellte er jemanden ein, noch kündigte er jemandem. Ob frischgebackener Vorgesetzter oder erfahrene Führungskraft: Buddha würde man nicht gerade als Berater für Managementfragen in Betracht ziehen. Doch Buddha schuf die buddhistische Sangha, eine Gemeinschaft von Mönchen und Nonnen, die nach bestimmten Regeln lebte, und von dort kommen ein paar interessante Unterweisungen für alle heutigen Manager. Wie die Regeln zu Buddhas Zeiten genau aussahen, ist nicht ganz klar. Als sie im Laufe der Zeit komplett kodifiziert und schriftlich festgehalten waren, waren es eine Menge – nach einem Bericht 227 für Mönche und 311 Regeln für Nonnen.*

---

* Die verschiedenen buddhistischen Schulen befolgen etwas unterschiedliche Regeln, doch alle »traditionellen« Gemeinschaften (üblicherweise das Therevadin genannt) kennen mehr Regeln für Frauen als für Männer. Manche begründen das damit, dass das zu Buddhas Zeiten nötig war, damit auch Frauen akzeptiert wurden, denn die Geschlechtergleichheit war völlig inakzeptabel. In vielen modernen buddhistischen Schulen folgen Männer und Frauen denselben Regeln und werden völlig gleichbehandelt. Das San Francisco Zen Center beispielsweise hatte in jüngster Zeit bereits einige Äbtissinnen.

Wenn wir heute über diese Regeln sprechen, dann üblicherweise darüber, was erlaubt und was verboten ist. Wir würden sagen, dass Mönche nicht lügen, stehlen oder nach der Mittagszeit essen dürfen.* Das ist in gewisser Weise richtig, aber nicht ganz korrekt. Etwas zu *verbieten* erfordert eine gewisse Autorität. Eltern können Ihren Kindern verbieten, Süßigkeiten zu essen oder zu lange aufzubleiben, was sie deshalb tun können, weil sie für ihre Kinder (gewissermaßen) verantwortlich sind. Buddha nahm diese Art der Autorität nicht für sich in Anspruch. Er war kein König oder Meister, dessen Wort Gesetz war. Er war einfach nur jemand, der erklärte, wie die Welt funktioniert.

Was Buddha sagte, war, dass bestimmte Taten bestimmte Folgen nach sich ziehen. Das ist sein Prinzip des »Karma« bzw. das Prinzip von Ursache und Wirkung. Seiner Ansicht nach war vieles davon Naturgesetz. Wenn Sie einen Ball fallen lassen, dann fällt er zu Boden – und er fällt, ob Sie daran glauben oder nicht. Die Schwerkraft muss sich nach keinen Autoritäten richten – sie übt ihre Macht unabhängig davon aus, ob jemand an sie glaubt. Ebenso sah Buddha das Karma als ein Abbild der natürlichen Wirkungen – von Aktion und Reaktion. Er erklärte: »Sprich oder handle mit verdorbener Absicht und das Leiden wird folgen wie das Wagenrad dem Huf des Ochsen folgt.«[214]

Die Klosterregeln werden als Erweiterung davon umfasst. Für Mönchen und Nonnen haben bestimmte Taten bestimmte Folgen, die sie für Laien vielleicht nicht hätten. Für die schwersten Verstöße werden Mönche oder Nonnen von der Sangha ausgeschlossen. Weil die ursprüngliche Sangha zölibatär war, fiel Sex in diese Kategorie. Wer das Gelöbnis des Zölibats brach, der hatte im Grunde entschieden, die Sangha zu verlassen. Doch unter den vielen hundert Regeln gibt es nur wenige solcher absoluten Verbote. (Meine Lieblingsregel ist die gegen das Beschwören übernatürlicher Kräfte.)

---

* Das Buch, das ich als Co-Autor mitverfasst habe – *Wie Buddha das Intervallfasten erfand* – erwuchs aus der Untersuchung dieser einen etwas abgedreht klingenden Regel.

Beim Verletzen der übrigen 200-plus-Regeln reichen die Konsequenzen von einer Art »Bewährung« bis zum einfachen öffentlichen Geständnis.

Die ganze Sangha kam regelmäßig zusammen, um die Regeln zu rezitieren und Fehltritte zu gestehen. Dadurch kannte jeder die Bewertungsmaßstäbe. Es gab keine Entschuldigungen à la »Warum hat mir denn niemand gesagt, dass ich keine übernatürlichen Mächte beschwören darf?«. Noch heute werden die Regeln in traditionellen Klöstern von Beginn an klar ausgelegt und häufig widerholt.

Vergleichen Sie das jetzt einmal mit den meisten Arbeitsplätzen. Es mag eine offizielle Arbeitsanweisung geben, aber ich wette, dass sie niemand je liest. Und üblicherweise ist sie auch nicht sehr spezifisch. Die Regeln sind meistens nicht besonders präzise und die Konsequenzen bei Regelbruch mehr als vage. »Disziplinarmaßnahmen bis hin zur fristlosen Kündigung« lautet eine übliche Beschreibung dieser Konsequenzen – eine sehr unternehmerische und wenig hilfreiche Form, so gut wie nichts über das auszusagen, was passieren könnte.

Buddhas Methode war da ganz anders. Er sagte sehr genau, welche Handlungen welche Folgen nach sich ziehen. Und er war konsequent und folgte seinen eigenen Regeln.

An einem modernen Arbeitsplatz ist es vermutlich nicht möglich, diesen Regeln ganz genau zu folgen. Die Rechtsabteilung würde sicherlich auch nicht erwarten, dass Sie jede Fehlhandlung und ihre Konsequenzen aufzählen, und die Personalabteilung würde es wahrscheinlich ablehnen, das Geständnisritual bei Vollmond zu absolvieren. Sie können sich aber daran anlehnen.

Wenn Sie Führungskraft sind, können Sie Ihre Erwartungen so deutlich wie möglich formulieren. Was sollen Ihre Mitarbeiter tun? Für viele ist das schwieriger, als es klingt. Wenn Sie es noch nicht gewöhnt sind, anderen vorgesetzt zu sein, dann kommt es Ihnen vielleicht merkwürdig oder sogar unverschämt vor, anderen direkte offizielle Anweisungen zu geben. Mir ist aufgefallen, dass einige frischgebackene Vorgesetze ihre Anweisungen als Vorschläge formulieren:

»Könnten Sie vielleicht das probieren?« Viele neue Chefs wollen eben nicht wie ein Chef klingen. Manche plagen sich erst gar nicht mit Anweisungen, sondern gehen davon aus, dass es höflicher oder auch motivierender ist, die Angestellten selbst herausfinden zu lassen, was zu tun ist.

Doch solche Uneindeutigkeiten sind nur wenig motivierend. Sie verwirren normalerweise eher.

Das bedeutet nicht, dass Sie jedes Detail vorgeben müssen. Jeder Angestellte braucht sein eigenes Maß an Anweisungen und schon Buddha sagte, dass wir unsere Methoden an unsere Zuhörer anpassen müssen. Zu einem erfahrenen Schreiner können Sie vielleicht sagen »Bau einen Tisch«. Bei jemandem, der völlig neu auf dem Gebiet ist, müssen Sie vermutlich eher damit beginnen, zu erklären, wie man das Holz aussucht und vorbereitet und womöglich sogar den Unterschied zwischen einer Schraube und einem Nagel erläutern. Beachten Sie, dass es darum geht, wie detailliert der Angestellte instruiert werden muss, nicht darum, was für den Chef am bequemsten ist. An anderer Stelle in den Klosterregeln verbietet Buddha »ausweichendes Sprechen und das Verursachen von Frustration«[215] und genau das tun wir, wenn wir unseren Mitarbeitern benötigte Informationen vorenthalten.

Wenn jemand, der für Sie arbeitet, einen Fehler macht, dann lassen Sie es ihn wissen. Und gehen Sie offen mit den Konsequenzen um, die ihm drohen, wenn er nicht beginnt, sich anders zu verhalten. Es ist wahrscheinlich kein einfaches Gespräch, aber ein notwendiges. Noch einmal: Wir schulden unseren Mitarbeitern Ehrlichkeit und Deutlichkeit.

Aus dem Wunsch heraus, freundlich zu sein, scheuen wir uns oft davor, negativ über jemanden, selbst über unsere eigenen Mitarbeiter, zu sprechen. Das ist verständlich und vernünftig. Wie schon angesprochen, lehrte Buddha selbst schon, dass es wichtig ist »mit einem Geist voller Güte« zu sprechen.[216] Doch er legte gleichzeitig auch großen Wert auf Ehrlichkeit und sah in diesen beiden Prinzipien keinen Widerspruch. Mit den Mitarbeitern nicht ehrlich zu sein ist *unfreundlich*, selbst wenn die besten Absichten dahinterstehen. Sie verdienen ein ehrliches Feedback. Wenn Sie etwas nicht gut machen, dann ist das ehrliche Feedback einer anderen Person der einzige Weg, es in Zukunft besser zu machen.

Ein Vorteil, diese Regeln in karmischen Zusammenhängen zu erklären, liegt darin, dass es keine moralische Komponente gibt. Die Regeln und Konsequenzen haben nichts mit dem Wert des Einzelnen als Mensch zu tun. Buddha behauptete nie, dass der aufrichtigste Mönch mehr wert sei als der, der gerade dabei ist, sich zu entblößen. Darum geht es nicht. Deshalb gibt es bei den buddhistischen Urteilen keine Todesstrafe[217] – denn jedes Leben hat einen Wert, der sich selbst durch das Brechen der ernstesten Regeln nicht verändert.

Die Taten mancher Menschen sind mit dem Mönchsein nicht vereinbar, wie auch die Fähigkeiten oder das Temperament mancher Menschen nicht zu einem bestimmten Job passen können. Es ist nicht unhöflich, diese Menschen gehen zu lassen – es ist eher so, wie jemandem dabei behilflich zu sein, eine neues Paar Schuhe zu finden, wenn ihm die, die er trägt, nicht passen.

Gleichzeitig ist es wichtig, ehrlich zu uns selbst zu sein. Wo haben wir in einer Situation versagt? Wo können wir etwas besser machen? Statt sich auf die Fehler anderer zu fokussieren, fordert Buddha dazu auf, zu bedenken, »was man selbst getan oder nicht getan hat.«[218]

Wie würde Buddha also entlassen? Er hätte jeden gefeuert, der sich einer Tat schuldig gemacht hat, für die Entlassung die angemessene Konsequenz ist. Er würde dafür sorgen, dass der Betroffene von vornherein diese Konsequenzen versteht und weiß, welche Tat zu der Entlassung geführt hat. Und er würde dafür sorgen, dass dieser sich wegen seines Verstoßes oder seines Fehltritts nicht schlecht oder minderwertig fühlt. Er würde ihm alles Gute wünschen, ihn mit Freundlichkeit behandeln und bei jedem Schritt respektieren.

Kapitel 22: Weggehen

Im Jahr 2013 machte der Wirtschaftswissenschaftler und Co-Autor von *Freakonomics* ein waghalsiges Experiment.[219] Er bat Menschen, die gerade vor einer Lebensentscheidung standen, sich online zu registrieren und ihm zu erlauben, die Entscheidung für sie auf der Grundlage eines Münzwurfs zu treffen.* Am Ende des Programms hatten 22511 Menschen teilgenommen und solche bedeutenden Fragen gestellt wie, ob sie sich trennen oder einen Heiratsantrag machen sollen, oder Triviales wie, ob sie die Haare färben oder einen Bart wachsen lassen sollen. Dann forderte Levitt sie auf, eine Reihe von Fragebögen auszufüllen, in denen sie offenlegten, ob sie dem »Rat« des Münzwurfs gefolgt waren und in denen sie ihre Zufriedenheit jeweils nach zwei und nach sechs Monaten einschätzen sollten.

Wenn es hart auf hart kam, war nicht jeder dazu bereit, seine Lebensentscheidung von dieser Zufallswahl diktieren zu lassen. Doch ganze 63 Prozent folgten dem Münzwurf, darunter mehr als die Hälfte solche, die vor entscheidenden Veränderungen in ihrem Leben standen.

Viele der Ergebnisse passten zu dem, was uns unsere Intuition schon vermuten lässt. Menschen, die danach gefragt hatten, ob sie Geld für eine bestimmte Sache »verprassen« sollen, waren zwei Monate später weniger zufrieden, wenn ihnen der Münzwurf dazu geraten hatte, zeigten aber nach sechs Monaten keine wahrnehmbaren Unterschiede mehr, was auf eine kurzfristige Kauf-Reue, aber nicht auf langfristige negative Effekte von kleinen Geldverschwendungen hinweist. Menschen, die als Folge des Experiments eine Diät machten, tendierten zur gegenteiligen Erfahrung. Sie waren nach zwei Monaten zufrieden, aber nach sechs Monaten neutral gestimmt.**

---

* Es war kein buchstäbliches Münzenwerfen, sondern ein Computer entschied nach dem Zufallsprinzip für Kopf oder Zahl.

** Vielleicht deshalb, weil die meisten Diäten nur kurzzeitige Erfolge haben. Lesen Sie das Buch »Wie Buddha das Intervallfasten erfand«, um die Gründe zu erfahren.

Doch die am häufigsten vorkommende Frage, die Levitts Online-Glücksspiel gestellt wurde, war diese: »Soll ich meinen Job kündigen?«

Wenn Sie bis hierhin gelesen haben, dann wissen Sie, dass den Job zu kündigen nie all Ihre Probleme lösen wird. Das heißt aber auch nicht, dass es niemals die richtige Entscheidung sein kann. Und in Levitts Experiment wurde sechs Monate nach einer Kündigung die *bei weitem* größte positive Auswirkung empfunden. Die Teilnehmer bewerteten ihre eigene Zufriedenheit auf einer Skala von eins bis zehn um durchschnittlich fünf Punkte höher. Also beispielsweise von einer miserablen Drei auf eine begeisterte Acht.

Was sagt uns das? Levitt erklärt, dass wir dazu tendieren, »ein tiefsitzendes Vorurteil gegen Veränderungen [zu] haben, wenn es um wichtige Entscheidungen im Leben geht«.[220] Insbesondere sind wir gegen große Veränderungen voreingenommen, denn tatsächlich berichteten »diejenigen, die etwas veränderten, nach zwei Monaten, nicht schlechter dran zu sein und nach sechs Monaten sogar sehr viel besser.« Er schließt daraus, dass »Warnungen wie ›Gewinner geben nie auf und Aufgebende gewinnen nie‹ vielleicht gut gemeint, aber tatsächlich nur ein sehr schlechter Rat« sind.

Kurz gesagt: Manchmal gewinnen die, die aufgeben.

Um eines klarzustellen: Die Arbeitsstelle zu wechseln ist nicht immer die richtige Entscheidung. In einer anderen Untersuchung wurde festgestellt, dass sich die Zufriedenheit in einem neuen Job unmittelbar erhöht, aber im Laufe der Zeit wieder sinkt.[221] Und in vielen Fällen müssen die Wurzeln unserer Unzufriedenheit tiefer als bei der Arbeit gesucht werden.

Wie bei allen großen Entscheidungen ist es das Wichtigste, sich über die Motivation im Klaren zu sein. Entscheidungen, die so »ungesunden Wurzeln« wie Gier, Hass oder Einbildung[222] entspringen, sind mit hoher Wahrscheinlichkeit keine guten bzw. langfristig zufriedenstellenden Entscheidungen.

Aber was sind gute Gründe, seinen Job zu kündigen? Buddha war der Meinung, dass bestimmte Jobs zu meiden sind, da sie von ihrem Wesen her mit Leid verbunden zu sein scheinen. Dazu gehörte der Handel mit Waffen, Menschen, Fleisch, Rauschmitteln und Giften.[223] Wir können das noch ausweiten auf jeden Job, der anderen direkt schadet oder den Planeten zerstört. Buddha riet seinen Anhängern auch von allen Arten der Zukunftsvorhersagen oder anderen Berufen ab, die mit Betrügereien zu tun haben.[224] Natürlich ist es Ihre Sache, wie Sie diese Richtlinien interpretieren. Buddha sprach sich seinerzeit gegen die Schauspielerei aus, die er für eine Art Täuschung hielt.[225] Heute ist die Unterhaltungsindustrie gut etabliert und wohlverstanden, sodass es etwas seltsam wäre, die Schauspielerei als eine Form der Lüge zu begreifen. Auf der anderen Seite könnte man damit argumentieren, das Hollywood ungesunde und vielleicht auch unehrliche Visionen der Welt verbreitet – daher kann man sie wiederum vielleicht nach wie vor als eine Form der Lüge ansehen.

Heute fallen die meisten Jobs diesbezüglich in eine Grauzone – auf gewisse Weise gut für die Welt, auf andere Weise wieder nicht. Meine Arbeit im Hightech-Bereich ist sicherlich keine Ausnahme: Menschen die Möglichkeit zu bieten, sich online zu verbinden und zu kommunizieren, befähigt sie dazu, positive Nachrichten zu verbreiten, aber auch negative. Die Veröffentlichung eines Buches kann für die Leser hilfreich sein, verbraucht aber auch wertvolle Ressourcen. Selbst als ich in Südostasien hoffnungslose Geflüchtete in Englisch unterrichtete, waren manche der Ansicht, dass unsere Anwesenheit schutzlose Familien auf die Idee bringen könnte, das Risiko einer Flucht aus ihrem Land auf sich zu nehmen, wo es doch klüger sein könnte zu bleiben. Die Abwägung, ob meine Jobs oder Ihre gut oder schlecht sind, wird niemals ganz sauber möglich sein. Sie müssen Ihre eigene Bewertung finden.

Viele brauchen heutzutage sehr lange, um den richtigen Berufsweg zu finden. Bevor ich in die Hightech-Industrie einstieg, hatte ich einige Jobs, die nichts miteinander zu tun hatten, und verbrachte mehr als zehn Jahre im Software-Engineering, bevor ich Data Science für mich entdeckte. Mein erstes Buch veröffentlichte ich erst, als ich schon weit über vierzig war. Es ist okay, im Laufe eines Lebens verschiedene Dinge auszuprobieren und zu sich selbst ehrlich zu sein, wenn man die falsche Entscheidung getroffen haben könnte – oder wenn das, was einmal in der Vergangenheit die richtige Entscheidung war, es nun nicht mehr ist.

Manchmal sind wir selbst nicht die besten Richter unserer Begabungen. Sprechen Sie mit Menschen, die Sie gut kennen und Ihre Arbeit ebenso. Versuchen Sie, eine ehrliche Einschätzung Ihrer Stärken und Schwächen zu bekommen. Buddha dachte anfangs, er sei kein guter Lehrer. Er lag falsch! Ich dachte einmal, ich könnte in Japan als Model arbeiten.* Auch ich lag falsch! Manchmal können uns andere besser beurteilen, als wir selbst es können.

Es geht nicht nur darum, sich für einen Beruf zu entscheiden. Innerhalb jeder Sparte gibt es eine große Vielfalt von Unternehmen, Jobs und Chefs. Die allerhumanitärste Organisation kann einen Tyrannen in ihrer Mitte haben, der alle Mitarbeiter schlechtmacht. Auch große Karrieren können noch in der Sackgasse enden. Der beste Grund, den Job zu wechseln, ist, das Leid zu reduzieren – auch Ihr eigenes.

Natürlich sind, wie schon im vorherigen Kapitel (S. 142) angesprochen, nicht alle Jobwechsel freiwillig. Versuchen Sie, auch dann Buddhas Richtlinien im Blick zu behalten, wenn Sie entlassen wurden. Buddha empfand die Arbeitslosigkeit nicht als Schande und war ein entschiedener Verfechter der Moral des Nichts-Arbeitens. Der Verlust eines Jobs kann schmerzhaft und beängstigend sein und kann eine Notlage verursachen. Doch das hat keinen Einfluss auf unsere inneren Werte.

Eine von Buddhas grundsätzlichen Lehren lautete, dass nichts ewig ist. Unsere Jobs, unsere Berufswege – sie sind keine Ausnahmen. Egal, was Sie für Ihren Lebensunterhalt tun, die meisten werden nicht in ihrem derzeitigen Job sterben. Das bedeutet in gewisser Weise, dass es irgendwann Zeit ist, zu gehen. Laut dem Bureau of Labor Statistics hatte der durchschnittliche Amerikaner im Alter von 50 Jahren seit seinem 18. Lebensjahr ein Dutzend Jobs – darunter die Hälfte im Alter von 18 bis 24 Jahren![226]

---

* Das ist eine wahre Geschichte.

Für fast alle ist der Jobwechsel – oder sogar der Wechsel des Berufsfeldes – eine Tatsache. Und das ist gut! Es ist gut, viele Erfahrungen im Leben zu sammeln. Wie Buddha sagt: »Wie aus einem Berg Blumen viele Girlanden gemacht werden können, so solltest du, mit deinem sterblichen Leben, viele geübte Dinge tun.«[227] Levitts Forschung zeigt, dass wir alle diesen Veränderungen gegenüber ein bisschen zu risikoscheu sind. Mit anderen Worten: Der richtige Zeitpunkt für eine Veränderung könnte schon früher sein, als Sie glauben.

Teil 4: Vollendung

Kapitel 23: Faktenbasiertes Dharma

Buddha entdeckte die Meditation, die Achtsamkeit und den ganzen Rest seines Weges nicht an Tag eins. Er verbrachte sechs Jahre damit, mit anderen Praktiken zu experimentieren und ließ sich von verschiedenen Lehrern unterrichten. Manche dieser Praktiken klingen ehrlicherweise etwas abgedreht. Er versuchte, den Atem so lange anzuhalten, bis seine Ohren explodierten und selbst die Götter ihn schon für tot hielten.[228] (Was er glücklicherweise nicht war.) Er fastete exzessiv und reduzierte seine tägliche Nahrungszufuhr so weit, dass er nur noch ein paar Tropfen Suppe am Tag zu sich nahm. Er war so dünn, dass seine Arme wie vertrocknete Zweige aussahen und die Haut seines Bauches auf der Wirbelsäule auflag.[229]

Buddha versuchte, das zu tun, was wir alle wollen: Er wollte nicht mehr leiden. Er wollte zufrieden sein. Und er war willens, wirklich *alles* auszuprobieren, um das zu erreichen. Er wäre noch so weit gereist, um von jedem Lehrer zu lernen. Nichts war zu weit hergeholt, um einen Versuch wert zu sein.

Letztlich lehnte Buddha diese verrückten Extreme des Fastens, des Erstickens und solcher Dinge nicht deshalb ab, weil sie ihm zu schwer waren, sondern weil er feststellte, dass sie nichts brachten.

Buddha glaubte an Fakten. Jedes Mal, wenn er etwas Neues begann, schenkte er ihm Aufmerksamkeit. Er sammelte Beweise. Er fand heraus, was für ihn funktionierte und was nicht. Wenn etwas nicht funktionierte, machte er woanders weiter, ohne frustriert zu sein oder sich zu beklagen. Buddha hielt sich an die Fakten.

Als Buddha schließlich seine Erleuchtung erlebte – er also tatsächlich zum Buddha wurde – bestand er darauf, dass uns allen seine Lehren auf demselben Niveau zuteilwerden sollten. Er wollte nicht, dass seine Schüler seine Worte einfach glaubten. Er wollte, dass wir seine Lehren selbst ausprobieren und aus unseren eigenen Erfahrungen lernen. »Lasse dich nicht von mündlich überlieferter Tradition, von der Abstammung der Lehre, durch Hörensagen [oder] eine Schriftensammlung vereinnahmen«, warnte er einen seiner Schüler in einer Unterweisung.[230] In einem anderen Abschnitt erklärt er: »Etwas mag vom Glauben her völlig anerkannt sein, kann aber leer, hohl und falsch sein; anderes mag vom Glauben nicht völlig anerkannt sein und doch faktisch, wahr und sicher sein.«[231]

Mit anderen Worten: Durch Glauben wird etwas nicht zur Wahrheit.

Sie sollten diese Skepsis auch allen Aussagen dieses Buches gegenüber an den Tag legen. Ich habe etliche Studien und Berichte in dieses Buch aufgenommen, sodass Sie von den Fakten, die andere gesammelt haben, lernen können. Sammeln Sie aber auch Ihre eigenen! Prüfen Sie, was für Sie passt und was nicht. Experimentieren Sie in Ihrem eigenen Leben, wie es Buddha auch mit seinem tat. Lernen Sie aus Ihrem Erfolg und Ihrem Misserfolg.

Und hören Sie nicht auf, bei der Arbeit deutliche Fragen zu stellen. Zu meinen Lieblingsfragen, die ich gerne bei einer Präsentation stelle, gehört diese: »Warum glauben Sie das?« Ich frage das nicht aus Streitlust – obwohl manche es so auffassen –, sondern aus reiner Neugier. Manchmal gibt es gute Beweise für das, was der Präsentierende behauptet, oft aber nicht. Meistens beruhen die Voraussetzungen nur auf dem Glauben und von uns wird vorbehaltlos dasselbe erwartet. Das kann zu gefährlichem Gruppendenken führen, bei dem niemand erkennt, dass die Strategie auf einer ungeprüften Annahme basiert.

Auf der anderen Seite kommt die gegensätzliche Situation öfter vor, als Sie denken. Den Menschen ist nicht immer bewusst, wie viel sie eigentlich wissen. Kollegen wollen oft loslegen, um eine Sache zu recherchieren, von der ich ziemlich sicher bin, dass wir sie bereits beantworten können – zumindest ausreichend. Die Menschen suchen oft Klarheit über Dinge, die grundsätzlich unklar sind, und verkennen, wann wir bereits genug wissen, um fortzufahren.

Als simples Beispiel stellen Sie sich vor, dass Sie nach der ungefähren Bevölkerungszahl der USA gefragt werden.* Vielleicht erinnern Sie sich, diese Zahl mal irgendwo gelesen zu haben, doch wenn nicht, dann könnte Ihre erste Antwort lauten: »Keine Ahnung«. Sie würden den Frager auffordern, es nachzuschlagen.

Doch wenn Sie kurz innehalten, dann haben Sie vielleicht nicht *keine* Ahnung. Vielleicht erinnern Sie sich dunkel, dass China etwa eine Milliarde Einwohner hat (tatsächlich sind es mehr). Sie sind sich ziemlich sicher, dass die USA weniger Einwohner als China haben, wissen nun also, dass die US-amerikanische Bevölkerung weniger als eine Milliarde beträgt. Das ist doch etwas!

Vielleicht leben Sie wie ich in Kalifornien und sind sich ziemlich sicher, dass Kalifornien etwa 40 Millionen Einwohner hat (tatsächlich sind es etwas weniger). Natürlich umfassen die gesamten Vereinigten Staaten mehr als nur Kalifornien, daher wissen Sie nun, dass es mehr als 40 Millionen sind. Das ist auch etwas!

Können wir es noch etwas mehr eingrenzen? Eben haben wir gesagt, dass die USA mehr als nur Kalifornien umfassen – aber wieviel mehr? Lebt die Hälfte der US-Amerikaner in Kalifornien? Das kann nicht sein. Könnte es ein Viertel sein? Wenn Kalifornien ein Viertel der USA ausmachte, bedeutete das, dass man alle anderen 49 Staaten (plus Washington, D.C.) nur in drei Gruppen aufteilen müsste und keine wäre größer als Kalifornien. Das scheint auch nicht hinzukommen. In Kalifornien gibt es nur noch zwei oder drei wirklich große urbane Gegenden und sehr viele mehr in allen anderen Staaten. Könnte Kalifornien also etwa zehn Prozent der gesamten US-amerikanischen Bevölkerung enthalten? Das hieße, man könnte die anderen Staaten in neun Gruppen von der Größe Kaliforniens aufteilen – und das ist schon ein bisschen wahrscheinlicher. Im Nordosten gibt es vielleicht noch ein paar Ansiedlungen von der Größe Kaliforniens, vielleicht noch eine im

* Und nehmen wir an, Sie würden dies mitten in der Wüste Utahs gefragt, wo Sie keinen Zugang zu Google, Wikipedia oder einer anderen naheliegende Quelle haben.

Südosten, eine um Texas herum, ein paar im Mittleren Westen, eine im Nordwesten. Auf diese Weise komme ich auf etwa neun.

Wenn Kalifornien etwa zehn Prozent der Vereinigten Staaten ausmacht, dann müsste die Gesamtbevölkerungszahl etwa 400 Millionen betragen. Das scheint eine gar nicht mal so schlechte Schätzung zu sein! (Die tatsächliche Zahl beträgt 2020 331 Millionen.) Und es dürfte eine ausreichend gute Antwort sein, um die Bedürfnisse irgendjemandes zu befriedigen, der danach gefragt hat. In diesem Beispiel sind wir davon ausgegangen, dass wir nichts wissen. Doch ein bisschen wussten wir: Wir wussten die ungefähre Einwohnerzahl von China und Kalifornien und wir wussten ein bisschen über die relative Größe der USA im Vergleich zu diesen Fleckchen Erde. Das mag nicht gerade nach viel klingen, stellte sich aber als ausreichend heraus.

Wenn mir jemand eine schwierige Frage stellt, dann frage ich mich oft erst einmal, was gerade jetzt die beste Antwort sein könnte. Manchmal kann ich überhaupt keine Antwort geben. Aber manchmal stelle ich nach ein wenig Überlegen fest, dass ich *etwas* weiß, was hilfreich sein könnte. Solange ich mir der Grenzen dieser ersten Antwort bewusst bin, ist es kein Schaden, sie weiterzugeben. Letztlich kann eine sehr grobe Schätzung schon das sein, was gebraucht wird. Buddha verlangte von uns, uns an die Fakten zu halten. Solange wir nicht wissen, welche Fakten uns überhaupt zur Verfügung stehen, können wir das nicht tun.

Sie können sich das wie die Kehrseite des Anfängergeistes vorstellen. Mit einem Anfängergeist akzeptieren und begrüßen wir, was wir nicht wissen. Aber wir müssen uns genauso darüber bewusst sein, was wir *wissen*. Wir müssen einerseits den Hochmut vermeiden, zu glauben, wir wüssten alles, aber auch die Vermessenheit, darauf zu bestehen, dass wir nichts wissen. Wenn Sie selbst auch an eines dieser Extreme glauben, dann liegen Sie womöglich falsch. Die Wahrheit liegt meistens irgendwo dazwischen.

Es ist wichtig, mit sich selbst ebenso ehrlich zu sein wie mit den Menschen um uns herum. Stellen Sie sich selbst deutliche Fragen – über Ihr Leben und Ihre Arbeit. Stellen Sie Ihre Antworten auf die Probe. Achten Sie auf die Fakten und lernen Sie von allem, was Sie ausprobieren. Lassen Sie sich weder durch absichtliche Arroganz noch durch blinden Glauben vom Weg abbringen.

Kapitel 24: Im Hier und Jetzt leben

All unserem Gerede um Leistungen und Ziele, Versuche und Fakten haftet ein Risiko an: Wir könnten vergessen, wie unglaublich es ist, am Leben zu sein.

Halten Sie kurz inne, um sich das Wunder vor Augen zu halten, einfach nur hier zu sein, genau jetzt, und vielleicht dieses Buch zu lesen. So viele Dinge könnten das verhindert haben. Das Leben selbst benötigt unfassbar komplexe und unwahrscheinliche Voraussetzungen, um zu existieren. Es gibt unzählige Möglichkeiten, die dazu geführt haben könnten, dass Ihr Leben schon früher zu Ende gewesen wäre. Egal, wie alt Sie zum jetzigen Zeitpunkt sind, es sind schon viele vor diesem Alter gestorben. Die Tatsache, dass Sie hier sind, gerade jetzt, ist eine unfassbare Meisterleistung. Doch nach einem anstrengenden Tag ist es schwer, das nicht aus dem Blick zu verlieren.

Manche Arbeit ist langweilig. Selbst der interessanteste Job, den Sie sich vorstellen können, bringt zumindest hin und wieder Rackereien mit sich. Wir alle kennen diese banalen oder sogar unerfreulichen Aufgaben, die erledigt werden müssen. Ich befinde mich manchmal in Meetings, die ich gerne geschwänzt hätte, oder muss Berichte schreiben, von denen ich annehme, dass sie niemand braucht. Manchmal gibt es Tage, an denen die kalifonische Sonne mich dazu verlockt, wandern oder schwimmen zu gehen, ich aber von einer kleinen Krise an den Schreibtisch gefesselt bin.

Dennoch gibt es aber so etwas wie stumpfsinnige Arbeit nicht – bzw. es gibt letztlich keine Arbeit, die Stumpfsinn erfordert. Die grundlegendsten, routiniertesten Aufgaben eignen sich gut zur Meditation. Japanische Zen-Mönche sind dafür berühmt, vermeintlich stumpfsinnige Dinge wie das Rechen von Sand im Tempelgarten in Kyoto zu auszuführen, dennoch tun sie es mit voller Präsenz und Aufmerksamkeit.

Wenn ich meine Aufmerksamkeit eigentlich auf ein Meeting lenken müsste, überkommt mich oft die Versuchung, mich in Tagträumereien über die Dinge zu verlieren, die ich lieber täte – und ich zähle dabei die Minuten, bis ich endlich woanders sein kann. (Das tat ich schon im Französischunterricht an der Highschool.) Doch stattdessen übe ich mich darin, genau das Gegenteil zu tun. Ich versuche, mich darauf zu konzentrieren, wo ich bin. Manchmal schaue ich mich um und übe mich darin, jeden Anwesenden so zu sehen, wie er wirklich ist. Ich versuche, den Ausdruck in ihren Gesichtern zu deuten: Wer ist angespannt, wer zufrieden, wer genervt? Ich versuche, ihre Augenfarbe zu erkennen. Ich bin oft verblüfft, wie schön Menschen sind – ganz normale Menschen –, wenn ich sie mir richtig ansehe. Jeder ist ein kompletter Mensch, mit einem Leben, das so ausgefüllt und abwechslungsreich ist wie meines. Jeder hat mit denselben grundlegenden Fragen zu kämpfen wie ich – dieselben Fragen, die sich Buddha schon stellte. Jeder möchte zufrieden sein.

Wir alle haben mal einen schlechten Tag. Wir alle kriegen mal zu viel von unserem Chef, unseren Kollegen oder Kunden. Wir alle kennen diese Momente, in denen wir uns wünschen, ganz woanders zu sein. Doch statt das zum Anlass zu nehmen, sich in geistige Fantasien zu verlieren, versuchen Sie, etwas Gutes genau an diesem Moment zu finden. Es muss nichts Großartiges sein. Vielleicht hassen Sie Ihre neue Aufgabe, aber lieben Ihren Schreibtischstuhl. Vielleicht mögen Sie das Outfit, für das Sie sich heute Morgen entschieden haben. Vielleicht mögen Sie das Geräusch der Tasten Ihrer Tastatur oder die Stimme eines netten Bürokollegen. Wenn Sie etwas ausfindig machen können, was Sie genau jetzt mögen, dann finden Sie auch etwas, was Sie im nächsten Moment mögen. Denn das ist alles, was das Leben ist – ein Moment nach dem anderen.

Wo auch immer Sie gerade sind, probieren Sie mal Folgendes: Schließen Sie die Augen (nachdem Sie diesen Absatz gelesen haben) und lauschen Sie jedem Geräusch, das Sie wahrnehmen können. Versuchen Sie nicht, es zu bewerten, einzuordnen oder sogar zu identifizieren – hören Sie es einfach nur. Wenn Sie Ihren kritischen Geist einmal ausschalten können, dann ist im rauschenden Verkehr genauso viel Musik wie in einem plätschernden Bach. Während ich das schreibe, höre ich das gleichmäßige Brummen des Kühlschranks, das sanfte Brodeln des kochenden Wassers im Teekessel, das schwache Ticken meiner Uhr und ein oder zwei zwitschernde Vögel draußen. Jedes Geräusch hat seine eigene subtile Schönheit.

Versuchen Sie, diese flüchtigen Blicke auf Schönes in jedem Moment zu entdecken. Vieles in der Arbeitswelt scheint dem zuwiderzulaufen. Wir werden ständig von einer Aufgabe zur nächsten geschubst, stets im Hinterkopf, was noch alles zu tun ist. Der vietnamesische Zen-Meister Thich Nhat Hanh erklärt, dass »wir oft so beschäftigt sind, dass wir vergessen, was wir tun und wer wir sind.«[232] Doch wir können uns diesem Abdriften in Achtlosigkeit und Ablenkung widersetzen. Alles, was wir tun müssen, ist, diesen Moment zu dem zu machen, in dem wir sind. Thich Nhat Hanh fährt fort: »Wenn wir uns in diesem Moment niederlassen, können wir Schönheit und Wunder direkt vor unseren Augen sehen.«[233]

Vielen widerfährt dieses Vergessen mehr bei der Arbeit als irgendwo sonst. Für uns ist Arbeit das, was wir tun, wenn wir keine andere Wahl haben. Doch wir haben jederzeit eine Wahl. Selbst während der schwachsinnigsten oder nervigsten Aufgabe können wir uns dafür entscheiden, präsent und aufmerksam zu sein. Ob es jetzt das Harken von Sand, das Ausfüllen eines Formulars, das Auffüllen der Vorräte in der Küche oder das Wäschezusammenfalten ist, wir können innehalten, um das Wunder zu würdigen, dass wir gerade jetzt hier sind.

Kapitel 25: Allen empfindungsfähigen Wesen dienen

Als sich der Buddhismus in ganz Asien ausbreitete und weiterentwickelte, blühte und gedieh eine neue Strömung, die sich *Mahayana* oder »Das große Fahrzeug« nannte. Ihre Lehrer waren der Ansicht, dass unsere Aufgabe auf Erden nicht nur das Erlangen der eigenen Erleuchtung sei, sondern auch die, anderen dabei zu helfen, die Erleuchtung zu erlangen. Sie gelobten, die Welt nicht eher für das Nirwana zu verlassen, solange nicht jeder in der Lage wäre, sich ihnen anzuschließen. Daher haben wir alle, der Mahayana-Tradition gemäß, nur eine Aufgabe, die das Bodhisattva-Gelübde genannt wird: alle Lebewesen vom Leiden zu erlösen.

Klingt ganz einfach, oder?

Okay, es ist natürlich nicht ganz einfach. Es ist aber vermutlich auch nicht so schwer, wie Sie jetzt denken mögen.

Es gibt viele Wege, anderen zu helfen. Sie müssen weder Arzt noch Krankenpfleger werden. Sie müssen nicht in ein von Kriegen gebeuteltes Land reisen. Sie müssen nicht unter den Ärmsten der Armen oder den Kränkesten unter den Kranken leben. An all diesen Entscheidungen ist nichts Falsches und wenn Sie meinen, das tun zu müssen, dann tun Sie es.

Doch beim Leiden geht es nicht nur um Schmerz oder Verlust. Es geht noch nicht einmal *hauptsächlich* um Schmerz oder Verlust. Seit Buddhas Zeiten haben sich unser materieller Reichtum und unser Komfort astronomisch verbessert und doch hat sich das Problem des Leidens gehalten. Die Wurzeln des Leids reichen tiefer als in das Körperliche, daher geht das Boddhisattva-Gelübde weit über das Angebot von materiellem Komfort und Unterstützung hinaus.

Buddha selbst widmete sein Leben nicht der Armenspeisung. Im Gegenteil, er ging davon aus, dass die Armen ihn speisen. Jeden Morgen zog er los und bettelte um Almosen, selbst in den ärmlichsten Gegenden, und aß, was die dort Ansässigen ihm gaben. In buddhistischen Ländern kann man dieses Ritual noch heute beobachten. Die Mönche und Nonnen sammeln Essen von den Menschen um sie herum – und nicht andersherum.* [234]

Buddha tat das nicht, weil er glaubte, einen gewissen Anspruch darauf zu haben. Er war einfach der Ansicht, dass sein größtes Angebot, das er machen konnte, aus seinen eigenen Lehren bestand. Wo die ältesten buddhistischen Schriften von »Mitleid« sprechen, geht es nicht darum, was wir üblicherweise darunter verstehen, nämlich anderen beizustehen – es geht lediglich darum, unseren Mitmenschen dabei zu helfen, die Erleuchtung zu erlangen und ihr eigenes Leiden zu beenden. Buddha machte das zu seinem Lebenswerk.

Noch einmal: Es ist nichts Falsches daran, ehrenamtlich in der lokalen Suppenküche auszuhelfen oder für gute Zwecke zu spenden. Das ist eine tolle Sache.

Aber Sie können auch helfen, das Leiden zu beenden, ohne etwas zu tun, das sich wie Wohltätigkeit anfühlt oder so aussieht. Sie können zu jedem, auf den Sie treffen, freundlich sein. Sie können jemandem, der sich quält, ein Lächeln oder eine Umarmung anbieten. Sie können denen, die es hören sollten, die Wahrheit sagen. Sie können angesichts des Chaos Ruhe ausstrahlen.

Die meisten Jobs bieten eine Menge Gelegenheiten wie diese, das Boddhisattva-Gelübde einzulösen. Manche sind große, dramatische Anlässe, wie einem krebskranken oder mit einem schwerkranken Kind geschlagenen Kollegen Ihr Mitleid bekunden. Es können aber auch die kleineren Dinge sein. Ich erinnere mich noch immer an den Morgen meines Vorstellungsgespräches für den letzten Job. Die Empfangsmitarbeiterin begrüßte mich mit einer solchen Wärme und

* Es gibt Ausnahmen. Der amerikanische buddhistische Lehrer Larry Yang erzählt, dass er in seiner Zeit als Mönch in Thailand seine Extra-Almosen an Wanderarbeiter verteilte.

Herzlichkeit, dass sie mir damit sofort die Aufregung nahm. Drei Jahre später danke ich ihr immer noch regelmäßig dafür.

Wenn wir andere Menschen leiden sehen, sind wir geneigt, uns abzuwenden. Es ist schmerzhaft. Ihr Leid zu erleben, lässt uns selbst leiden. Doch sich diesem Leid zuzuwenden, das ist der Kern des Boddhisattva-Gelübdes. Jeder, mit dem Sie zusammenarbeiten, ist ein menschliches Wesen. Sie alle leiden. Sie alle wünschten, es wäre nicht so. Sie können helfen.

Buddha fing nicht mit dem Wunsch an Lehrer zu werden. Dafür hatte er nicht in erster Linie den Palast verlassen. Er wollte mit seiner Suche für sich selbst Antworten auf die großen Fragen des Lebens finden. Als er die Antworten gefunden hatte, war er davon überzeugt, allein ins Nirwana einzugehen. Er verlangte nicht danach, der Held oder Erlöser irgendjemandes sein. Was ihn dann doch dazu brachte, zu lehren und der Welt weiter zugewandt zu bleiben, war sein Sinn für Mitgefühl. Er empfand eine Pflicht, anderen dabei zu helfen, ihre eigene Erlösung vom Leid zu finden. Das Lehren erschien ihm als der beste Weg dahin.

Diesen Sinn für eine Bestimmung können Sie auch bei Ihrer Arbeit finden. Jeder, mit dem Sie bei der Arbeit zusammentreffen, bietet eine Gelegenheit, Mitgefühl zu zeigen, sich selbst hintanzustellen. Sich selbst hintanzustellen heißt aber nicht, der Fußabtreter zu sein. Sie müssen Ihre Kollegen nicht auf sich herumtrampeln lassen. Doch Sie sollten jedem von ihnen mit Respekt – und sogar Liebe – begegnen. Wie wir schon angesprochen haben, kann selbst die komplizierteste Nachricht mit Freundlichkeit übermittelt werden. Wie der Dalai Lama selbst sagte: »Das Hauptthema des Buddhismus ist Altruismus, der auf Mitgefühl und Liebe basiert.«[235] Die Arbeitswelt mag als ein ungewöhnlicher Ort dafür erscheinen, diesen Altruismus auszuüben, aber sie ist es nicht.

Machen Sie aber dort nicht Halt. Auch außerhalb der Arbeit haben Sie viele Gelegenheiten, anderen zu helfen. Eine Freundin von mir hat sich vor Jahren mit einer Obdachlosen angefreundet und bringt sie noch immer hin und wieder in einem Motel unter, wenn es ganz hart kommt. Eine andere Freundin hat ihrer Friseurin einen Anwalt für

Migrationsrecht bezahlt. Meine ältere Tochter findet ständig entlaufene Haustiere, die sie deren Besitzern zurückbringt. Meine jüngere Tochter brachte immer ein Extra-Lunchpaket mit in die Schule für eine Freundin, die hungrig zu sein schien. Ich habe zwar nie als Rettungsschwimmer gearbeitet – ich bin nicht annähernd ein so guter Schwimmer –, aber ich habe einmal einen Säugling aus einem Swimmingpool gefischt, weil ich zur rechten Zeit am rechten Ort und aufmerksam war.[236] Manchmal reicht das. Egal, wie sehr Sie sich für ein Leben einsetzen, Sie haben die Chance dazu, auch in Ihrer Freizeit ein Amateur-Boddhisattva zu sein.

Niemand hat vielleicht über diese Praxis so viel nachgedacht wie Shantideva, der einstige Mahayana-Mönch in Indien, der ein ganzes Buch zum Thema verfasste. Der Titel seines Hauptwerkes wird meistens ganz passend übersetzt als »Leitfaden für die Lebensweise eines Bodhisattva«[237] Darin fasst er seinen Weg folgendermaßen zusammen: »Man sollte niemals etwas anderes tun, als das, was entweder direkt oder indirekt für Lebewesen von Nutzen ist.«[238]

Nehmen Sie diese Mission mit zur Arbeit, egal welche Arbeit es ist. Setzen Sie sich dafür ein, jede Begegnung als eine Chance zu sehen, die Welt ein bisschen besser zu machen. Indem Sie Ihre Aufmerksamkeit darauflegen, wie alles um Sie herum einen Einfluss auf Sie ausübt. Sie helfen nicht nur den anderen – Sie helfen auch sich selbst, aufzuwachen.

Kapitel 26: Sind Sie jetzt schon Buddhist?

Die USA sind in vieler Hinsicht ein ungewöhnlich religiöses Land. Viele Amerikaner fühlen sich zutiefst mit ihren religiösen Traditionen verbunden – meist als Christen, doch es gibt ebenfalls große und engagierte Minderheiten von Juden, Muslimen, Hindus, Buddhisten und anderen Glaubensrichtungen.

Nehmen wir mal an, Sie hätten dieses Buch gelesen und stimmten all dem zu, was ich geschrieben habe. (Danke!) Sind Sie dann zum Buddhisten geworden?

Vielleicht gehen Sie davon aus, dass jeder, der Buddhas Botschaft zustimmt – in anderen Worten jeder, der daran glaubt, dass der Buddhismus wirkt –, sich als Buddhist qualifiziert. Dennoch hat sich selbst der Autor und Philosoph Robert Wright, der ein Buch mit dem Titel »Wie Buddhismus wirkt« hat,[239] nicht als Buddhist bezeichnet.

Wie kann das sein? Wright selbst erklärt es so: »Ich nenne mich selbst nicht einen Buddhisten, da der traditionelle Buddhismus so viele Dimensionen – des Glaubens, des Rituals – hat, die ich nicht angenommen habe. Ich glaube nicht an die Reinkarnation oder die damit verbundene Vorstellung vom Karma, und ich verbeuge mich nicht vor der Buddha-Statue, wenn ich in die Meditationshalle eintrete, und erst recht bete ich nicht zu ihm oder irgendwelchen buddhistischen Gottheiten. Mich selbst einen Buddhisten zu nennen erschiene mir geradezu respektlos gegenüber den vielen Buddhisten in Asien und anderswo, die eine reiche und wundervolle religiöse Tradition geerbt haben und aufrechterhalten.«[240]

Ich selbst habe einen anderen Ansatz. Ich *nenne* mich einen Buddhisten und habe das die meiste Zeit meines Lebens getan. Ich bin sogar ordiniert. Hin und wieder streife ich meine traditionelle Buddhisten-Robe über und vollziehe dieselben Rituale, die die Mönche in den Zen-Klöstern in ganz Japan seit tausend Jahren vollziehen und die nun auf der ganzen Welt Verbreitung finden. Ich glaube nicht an die sprichwörtliche Reinkarnation und bete keine buddhistischen Götter an, doch ich verneige mich vor Buddha-Statuen, wenn ich sie sehe, aus Respekt vor dem ursprünglichen Lehrer und seinen Lehren.

Doch genug über mich und irgendwelche Philosophen, die Sie noch nie getroffen haben. Was ist mit Ihnen? Sind Sie Buddhist geworden?

Natürlich kann ich diese Frage nicht für Sie beantworten. Manche finden Nahrung und Unterstützung in der langen buddhistischen Tradition, die die in diesem Buch behandelten Theorien hervorgebracht hat. Sie empfinden es als tröstlich, sich mit der Tradition zu identifizieren und sich in deren Abstammungslinie einzuordnen. In der Entwicklung von Achtsamkeitspraxis ist dies sicherlich hilfreich. Obwohl ähnliche Überlegungen auch in anderen Glaubensrichtungen existieren, entstammt die spezielle Huldigung von Achtsamkeit und damit verwandten Konzepten einer bestimmten Glaubenslinie, die vor etwa 2 500 Jahren mit Buddha begann. Als die beiden Kaufleute zu den ersten Buddhisten wurden, taten sie nichts weiter, als zu Buddha und seinen Lehren Zuflucht zu nehmen. Vielleicht haben auch Sie dort Zuflucht, Trost oder Inspiration gefunden.

Andere fühlen vielleicht noch eine starke Verbundenheit mit der Religion, in die sie hineingeboren wurden. Vielleicht pflegen Sie, neben der Anerkennung der Lehren Buddhas, einen tiefen Glauben an die Lehren von Jesus Christus, Mohammed oder einer anderen großen religiösen Gestalt außerhalb des Buddhismus. Vielleicht besuchen Sie regelmäßig eine Kirche oder einen Tempel, eine Synagoge oder eine Moschee. Vielleicht beten Sie auch weiterhin zu Hause.

Nichts davon ist verkehrt. In den Sutras gibt es eine Geschichte über einen reichen Hausbesitzer namens Upali, der Buddha begegnete und zu dessen Schüler wurde. Er ist so fasziniert von seinem neuentdeckten Glauben, dass er von nun an nur noch Buddha und seinen Anhänger und nicht seinen früheren spirituellen Lehrer spenden möchte. (Vorher gehörte die Familie offenbar den Jain an, einer anderen alten indischen Religion.) Buddha lehnte dies ab. Upalis Familie habe diese anderen Lehrer so lange unterstützt und solle damit fortfahren.[241]

Buddha freut sich zwar über Upali als seinen Schüler, sieht aber keinen Grund dafür, dass dieser sich von seiner Vergangenheit löst.

Der Buddhismus ist kein Glaube, der von Ihnen Ausschließlichkeit verlangt oder dass Sie anderen Glaubensrichtungen abschwören. Der Buddhismus verlangt von Ihnen noch nicht einmal, *irgendetwas* genau zu glauben. Ich hoffe, Sie haben bereits erkannt, dass es im Buddhismus vielmehr darum geht, Dinge zu *tun*, zu *praktizieren* und Erfahrungen zu sammeln, als zu glauben, und diesen Erfahrungen und deren Ergebnissen Aufmerksamkeit zu schenken. Sie können auf diese Praktiken und Erfahrungen ein Buddhisten-Etikett kleben. Sie können sich als Buddhisten bezeichnen und über Erleuchtung und Erweckung in buddhistischen Begriffen sprechen. Oder auch nicht.

Dieses Buch hat nicht zum Ziel, Sie zum Buddhisten zu machen. Mein Ziel ist viel bescheidener – oder gleichzeitig auch viel größer. Mein Ziel ist es, Ihnen mit ein paar von Buddhas Lehren dabei zu helfen, zufriedener zu werden und weniger zu leiden – in erster Linie bei der Arbeit, aber auch überall sonst, wo Sie Ihre Zeit verbringen. Und nicht nur oberflächlich zufrieden, sondern wahrhaftig, tief zufrieden – was Buddhisten »erwacht« oder »erweckt« nennen würden und was dasselbe ist.

Die meisten der angesprochenen Techniken mögen Ihnen nicht besonders religiös oder spirituell vorkommen: Seien Sie aufmerksam. Achten Sie auf Ausgeglichenheit. Essen Sie gut, schlafen Sie gut und arbeiten Sie regelmäßig. Setzen Sie sich gesunde Ziele. Arbeiten Sie intensiv, aber nicht zu lange. Sagen Sie die Wahrheit. Seien Sie freundlich.

Nebenbei war es Buddha egal, ob Sie Buddhist werden. Er wollte nur, dass Sie ein Buddha werden. Ich denke, das können Sie.

Und nun gehen Sie an die Arbeit.

Danksagung

Dieses Buch wäre ohne meine Familie nicht möglich gewesen, die all mein Schreiben im letzten Jahr ertragen hat, obwohl ich mich vielleicht mehr ihr hätte widmen sollen. Danke, Dina, Anna und Maxine. Meine Agentin Laura Dail und meine Lektorin Jennifer Kasius glaubten an dieses Buch, lange bevor ich selbst es tat, und boten mir die dringend nötige Unterstützung und Geduld, während ich es verfasste. Obwohl ich sie nicht dazu überreden konnte, das Buch mit mir zusammen zu schreiben, ist meine Schreibpartnerin und Freundin Tara Cotrell weiterhin Inspiration und Unterstützung und lieferte mir während des Schreibens viele Ideen. Meine Freundin Irina Reyn unterstützte mich mit ihrer kritischen Perspektive, als ich nicht weiterkam, und half mir dabei, zu erkennen, was aus diesem Buch werden kann.

Ich habe im Laufe der Jahre in vielen Unternehmen gearbeitet und bei allen etwas gelernt. Diese Jobs verschafften mir Raum, um tiefer über die Verbindung zwischen buddhistischer Praxis und meinem Arbeitsleben nachzudenken, die dann die Basis von vielem bildeten, über das ich hier geschrieben habe.

Ich begann ernsthaft mit diesem Buch während eines kurzen Aufenthalts im Tassajara Zen Mountain Center. Ich bin jedem dankbar, der mich dort willkommen geheißen hat und der dabei hilft, diese einzigartige buddhistische Präsenz im Westen zu erhalten.

Service

Weiterführende Literatur

Wenn Sie mehr über den Buddhismus erfahren möchten, habe ich eine gute und eine schlechte Nachricht. Die gute ist, dass es eine Menge Bücher über Buddhismus gibt. Die schlechte ist, dass es eine Menge Bücher über Buddhismus gibt.

Die buddhistischen Schriften selbst sind für heutige Leser oft eine Herausforderung, doch Martine Batchelors »The Spirit of the Buddha« (Yale University Press 2010) enthält viele Abschnitte in einem deutlichen und nachvollziehbaren Stil und bietet eine wunderbare Einführung, wie auch Gil Fronsdals »The Dhammapada« (Shambhala Publications 2006), eine lyrische Übersetzung von Buddhas bekanntesten Aussprüchen. Wenn Sie darauf bestehen, direkt die ungekürzten Originale zu lesen, dann finden Sie im Quellenverzeichnis meine bevorzugten Quellen, die ich bei den Zitaten genutzt habe.

Die meisten Leser werden aber die Schriften zeitgenössischer buddhistischer Lehrer zugänglicher finden. Ich mag besonders Stephen Batchelors *»Buddhismus für Ungläubige«* (Fischer Taschenbuch, 2007) und Robert Wrights *»Warum Buddhismus wirkt«* (Lotos Verlag 2018), beide haben den Ansatz, die eher »mystischen« Aspekte des Buddhismus abzustreifen und sich auf die Praxis zu fokussieren. Eine »buddhistischere« Einführung in den Buddhismus bietet das Buch von Thubten Chodron »Buddhismus – Antworten auf die häufigsten Fragen« (Herder 2003).

Mehr über die praktischen Grundlagen der Meditation bietet die klassische Einführung in den Zen-Weg (den ich praktiziere) von Shunruy Suzuki »Zen-Geist, Anfänger-Geist« (Theseus Verlag 2016), während Kathleen McDonalds »Wege zur Meditation – eine praktische Anleitung« (Diamant Verlag 1994) das Thema aus der Sicht der tibetischen Tradition betrachtet. Wenn Sie mehr über Buddha selbst erfahren wollen, ist »The Buddha: A Beginner's Guide« (Oneworld Publications

2001) von John S. Strong überraschend großartig, ebenso »Buddha« von Karen Armstrong (Claassen 2004).

Zum Thema Arbeit führt Sie Mike Steibs »The *Career Manifesto«* (TarcherPerigee 2018) in bewährte gesunde Karriereziele ein. Alex Soojun-Kim Pang behandelt in seinem wunderbaren *»The Distraction Addiction«* (Little, Brown and Company, 2013) den entscheidenden Beitrag von Ablenkung und Technik sehr viel detaillierter, als ich es getan habe, und ist sehr lesenswert. Kim Scotts erhellendes *»Radical Candor – Be a Kick-Ass Boss Without Losing Your Humanity«* (St. Martin's Press, 2017) lehrt, wie sie es sagt, »ein Wahnsinns-Chef zu sein, ohne die Menschlichkeit zu verlieren«, und ist für alle lesenswert, die es anstreben, ein guter Vorgesetzter zu sein.

Joseph Emet hat ein ganzes Buch über Achtsamkeitstechniken für einen besseren Schlaf geschrieben: »Buddhas kleines Buch vom Schlaf – Zur Ruhe kommen, in den Schlaf finden, erholt aufwachen« (Heyne Verlag 2015). Wenn Sie sich für Yoga als ihre bevorzugte körperliche Aktivität entschieden haben – hervorragende Wahl! –, ist Eddie Sterns »One Simple Thing« (North Point Press 2019) ein unschätzbarer Begleiter.

Mein erstes Buch »Wie Buddha das Intervallfasten erfand«, das ich mit meiner lieben Freundin Tara Cotrell zusammen verfasst habe, enthält sehr viel mehr Informationen über Diäten und körperliche Aktivität (und auch über Buddhismus). Dies sind unheimlich wichtige Themen, die wir in diesem Buch nur gestreift haben. Bringen Sie diesen Teil Ihres Lebens in Ordnung, wird sich das bei der Arbeit auszahlen. Wenn Ihnen dieses Buch gefällt, dann könnte Ihnen »Wie Buddha das Intervallfasten erfand« auch gefallen. Und wenn Sie dieses Buch nicht mochten, dann sollten Sie mich nicht um Leseempfehlungen bitten.

Hinweise zu den Quellen

Die Pali Text Society, eine altehrwürdige britische Institution, die von unerschrockenen Schülern im Jahre 1881 gegründet wurde und noch immer floriert, entwickelte ein übergreifendes System zum Zitieren der alten buddhistischen Schriften, sodass dieselbe Passage in jeder Übersetzung zu finden ist, sehr ähnlich dem, wie man in jeder Ausgabe des Neuen Testaments auch »Lukas 6:31« nachschlagen kann.

Leider ist das buddhistische System sehr kompliziert (ein typischer Hinweis sieht etwa so aus: »SN 22.59; III 67, 25«) und ich habe es hier nicht verwendet. Stattdessen gebe ich einfache Seitenangaben meiner bevorzugten Übersetzungen an, was meistens die wunderbare Reihe »Teachings of the Buddha« von Wisdom Publications ist. Das ist für die meisten Lehrer sehr viel einfacher, aber auch eine größere Herausforderung, wenn man die gleiche Passage in einer anderen Übersetzung ausfindig machen will. Dieses System verwende ich auch für andere Schriften, die nicht aus dem Pali stammen, indem ich einfach die spezielle Übersetzung zitiere, die ich am liebsten nutze.

Endnoten

1 U. S. Travel Association, Project. Time Off – The State of the American Vacation. 2018.

2 Joel Goh, Jeffrey Pfeffer und Stefanos A. Zenios. The Relationship between Workplace Stressors and Mortality and Health Costs in the United States. Management Science 2016, 62:2: 608–628.

3 Caroline Foley Rhys Davids. Notes on Early Economic Conditions in Northern India. Journal of the Royal Asiatic Society of Great Britain and Ireland 1901: 859–888.

4 I. B. Horner. The Book of Discipline, vol. IV. The Pali Text Society 1951. Seite 5–6.

5 Mohan Wijyayaranta. Buddhist Monastic Life – According to the Sources of the Theravada Tradition. Cambridge University Press 1990. Seite 164.

6 Bhikkhu Bodhi. The Numerical Discourses of the Buddha. Wisdom Publications 2012. 112.

7 Rupert Gethin. Sayings of the Buddha. Oxford University Press 2008. Seite 10.

8 Mike Steib geht näher darauf ein in seinem wunderbaren »Career Manifesto – Discover Your Calling and Create an Extraordinary Life« (TarcherPedigree 2018), er überdenkt es auch und macht daraus »Lernen, Verdienen und Dienen«, was ich aber nicht so eingängig finde.

9 Bhikkhu Bodhi. The Suttanipata. Wisdom Publications 2017. Seite 223 und 863.

10 Ebenda, 291.

11 Bhikkhu Bodhi. The Connected Discourses of the Buddha. Wisdom Publications 2000. Seite 1597.

12 Bhikkhu Bodhi. The Suttanipata. Seite 199.

13 So zum Beispiel Thanissaro Bhikkhu. »The Wings to Awakening – An Anthology from the Pali Canon« (Metta Forest Monastery 2018).

14 National Institute for Occupational Safety and Health, »STRESS ... at Work« Centers for Disease Control and Prevention. https://www.cdc.gov/niosh/docs/99-101/.

15 Madhu Kalia. Assessing the Economic Impact of Stress — The Modern Day Hidden Epidemic. Metabolism 51, no. 6, supplement 1. Juni 2002:49–53.

16 Joanne H. Gavin und Richard O. Mason. The Virtuous Organization – The Value of Happiness in the Workplace. Organizational Dynamics 33, no. 4 (2014): 379–392.

17 D. M. Rose, A. Seidler, M. Nübling, et al. Associations of Fatigue to Work-Related Stress, Mental and Physical Health in an Employed Community Sample. BMC Psychiatry 17, no. 1 (5. Mai 2017):167.

18 Kristina Holmgren, Synneve Dahlin-Ivano, Cecilia Björkelund und Gunnel Hensing. The Prevalence of Work-Related Stress, and Its Association with Self-Perceived Health and Sick-Leave, in a Population of Employed Swedish Women. BMC Public Health 9 (2009): 73.

19 Daniel C. Ganster und John Schaubroeck. Work Stress and Employee Health. Journal of Management 17, Ausgabe 2 (1. Juni 1991): 235–227.

20 Madhu Kalia. Assessing the Economic Impact of Stress.

21 Helge Hoel. The Cost of Violence/Stress at Work and the Benefits of a Violence/Stress-Free Working Environment. Report Commissioned by the International Labour Organization 2001.

22 Jeffrey Pfeffer. Dying for a Paycheck. Harper Collins 2018.

23 Madhu Kalia. Assessing the Economic Impact of Stress.

24 T. A. Wright und B. A. Straw. Affect and Favorable Work Outcomes – Two Longitudinal Tests of the Happy-Productive Worker Thesis. Journal of Organizational Behavior 20 (1999): 1–23.

25 Andrew J. Oswald, Eugenio Proto und Daniel Sgroi. Happiness and Productivity. Journal of Labor Economics 33, no. 4 (2015): 789–822.

26 Cynthia D. Fisher. Happiness at Work. International Journal of Management Reviews 12 (2010): 384–412

27 John M. Zelenski, Steven A. Murphy und David A. Jenkins. The Happy-Productive Worker Thesis Revisited. Journal of Happiness Studies 9, Ausgabe 4 (Dezember 2008): 521–537.

28 Lisa C. Walsh. Does Happiness Promote Career Success? Revisiting the Evidence. Journal of Career Assessment 26, Ausgabe 2 (2018): 199–219.

29 Heinz Bechert. When Did the Buddha Live? – Controversy on the Dating of the Historical Buddha. Sri Satguru Publications 1995. (Deutsche Ausgabe: Sonderdruck aus »The dating of the historical Buddha = Die Datierung des historischen Buddha«. Teil 1. Symposien zur Buddhismusforschung, IV,1. Vandenhoeck und Ruprecht 1991.)

30 Christopher Titmuss. The Political Buddha. Lulu.com 2018.

31 Bhikkhu Bodhi. The Numerical Discourses of the Buddha. Wisdom Publications 2012. Seite 240 und 1642.

32 Edward Conze. Buddhist Scriptures. Penguin Books 1959. Seite 39.

33 Bhikkhu Nanamoli und Bhikkhu Bodhi. The Middle Length Discourses of the Buddha. Wisdom Publications 1995. Seite 260.

34 Ebenda, Seite 534.

35 Moshe Walshe. The Long Discourses of the Buddha. Wisdom Publications 1987. Seite 408.

36 Bhikkhu Bodhi. The Suttanipata. Wisdom Publications 2017. Seite 178.

37 Maurice Walshe. The Long Discourses of the Buddha. Seite 270.

38 Bhikkhu Bodhi. The Connected Discourses of the Buddha. Wisdom Publications 2000). Seite 1644.

39 H. W. Schuman. The Historical Buddha: – The Times, Life and Teachings of the Founder of Buddhism. Übersetzt von M. O'C Walshe. Motilal Banarsidass Publishers 1989. Seite 22.

40 Mathew Meghaprasara. New Guide to the Tipitaka – A Complete Reference to the Buddhist Canon. A Sangha of Books 2013. Seite 5–6.

41 Hans Wolfgang Schuman. The Historical Buddha. Seite 4.

42 Richard Solomon. The Buddhist Literature of Ancient Gandhāra. Wisdom Publications 2018.

43 siehe zum Beispiel: Cheri Huber. Leiden ist deine Entscheidung. Kösel Verlag 2005.

44 Jon Kabat-Zinn. An Outpatient Program in Behavioral Medicine for Chronic Pain Patients Based on the Practice of Mindfulness Meditation: Theoretical Considerations and Preliminary Results. General Hospital Psychiatry 4, Ausgabe 1 (April 1982): 33–47.

45 Bhikkhu Nanamoli und Bhikkhu Bodhi. The Middle Length Discourses of the Buddha. Wisdom Publications 1995. Seite 145.

46 Nyanaponika Thera. The Power of Mindfulness. Unity Press 1972. Seite 5.

47 Kirk Warren Brown und Richard M. Ryan. The Benefits of Being Present: Mindfulness and Its Role in Psychological Well-Being. Journal of Personality and Social Psychology 84, no. 4 (2003): 822–848.

48 Darren Good, Christopher J. Lyddy, Theresa M. Glomb, et al. Contemplating Mindfulness at Work: An Integrative Review. Journal of Management (Januar 2016).

49 Maryanna Klatt, Beth Steinberg und Anne-Marie Duchemin. Mindfulness in Motion (MIM): An Onsite Mindfulness Based Intervention (MBI) for Chronically High Stress Work Environments to Increase Resiliency and Work Engagement. Journal of Visualized Experiments 101 (2015).

50 Amishi P. Jha Elizabeth A. Stanley, Anastasia Kiyonaga, Ling Wong und Lois Gelfand. Examining the Protective Effects of Mindfulness Training on Working Memory Capacity and Affective Experience. Emotion 10, no. 1 (2010): 54–64.

51 Patrick K. Hyland, R. Andrew Lee und Maura J. Mills. Mindfulness at Work: A New Approach to Improving Individual and Organizational Performance. Industrial and Organizational Psychology 8, no. 4 (Dezember 2014): 576–602.

52 Ruth Q. Wolever, Kyra J. Bobinet, Kelley McCabe, et al. Effective and Viable Mind-Body Stress Reduction in the Workplace: A Randomized Controlled Trial. Journal of Occupational Health Psychology 17, no. 2 (2012): 246–258.

53 Kimberly Schaufenbuel. Why Google, Target, and General Mills Are Investing in Mindfulness. Harvard Business Review. 28. Dezember 2015.

54 Bhikkhu Nanamoli und Bhikkhu Bodhi. The Middle Length Discourses of the Buddha. Wisdom Publications 1995. Seite 260.

55 siehe zum Beispiel: Bhikkhu Analyao. Satipatthana: The Direct Path to Realization. Windhorse Publications 2003. (Deutsche Ausgabe: Der direkte Weg – Satipatthana. Beyerlein u. Steinschulte 2010.)

56 Bhikkhu Nanamoli und Bhikkhu Bodhi. The Middle Length Discourses of the Buddha. Seite 145.

57 Ebenda, Seite 146.

58 Ebenda, Seite 155.

59 Ebenda, Seite 147.

60 Gil Frondsal. The Dhammapada. Shamabhala Publications 2005. Seite 1.

61 Peter W. Mayer und William B. DeOreo. Residential Uses of Water. American Water Works Association 1999.

62 His Holiness the 14th Dalai Lama of Tibet. Routine Day. https://www.dalailama.com/the-dalai-lama/biography-and-daily-life/a-routine-day.

63 Carl Bielfeld. Dogen's Manual of Zen Meditation. University of California Press 1988. Seite 195.

64 Eleanor Rosch. Beginner's Mind: Paths to the Wisdom Not Learned. In: Teaching for Wisdom, edited by Michal Merrari und Georges Potworowski. Springer Science + Business Media 2008.

65 Shunryu Suzuki. Zen-Geist, Anfänger-Geist. Theseus in J. Kamphausen Mediengruppe 2016.

66 Ebenda, Seite 21.

67 Joe Langford und Pauline Rose Clance. The Impostor Phenomenon: Recent Research Findings Regarding Dynamics, Personality and Family Patterns and their Implications for Treatment. Psychotherapy Theory Research & Practice 30, no. 3 (Dezember 1992): 495–501.

68 Albert J. Stunkard. Beginner's Mind: Trying to Learn Something About Obesity. Annals of Behavioral Medicine 13, Ausgabe 2, (1. Januar 1991): 51–56.

69 Arlo Belshee. Promiscuous Pairing and Beginner's Mind: Embrace Inexperience. In: Proceedings of AGILE 2005.

70 Sheryl I. Fontaine. Teaching with the Beginner's Mind: Notes from My Karate Journal. College Composition and Communication 54, no. 2 (Dezember 2002): 208–221.

71 Mark Stefik und Barbara Stefik. The Prepared Mind versus the Beginner's Mind. Design Management Review 16, no. 1 (Winter 2005): 10–16.

72 Kate Crosby und Andrew Skilton. The Bodhicaryavatra. Oxford University Press 1995. Seite 40.

73 Robert A. Henning, Pierre Jacques, George V. Kissel, et al. Frequent Short Rest Breaks from Computer Work: Effects on Productivity and Well-Being at Two Field Sites. Ergonomics 40, no. 1 (1997): 78–91.

74 Simone M. Ritter und Ap Dijksterhuis. Creativity — The Unconscious Foundations of the Incubation Period. Frontiers in Human Neuroscience 8 (2014): 215.

75 Charlotte Fritz, Allison M. Ellis, Caitlin A. Demsky, Bing C. Lin und Frankie Guros. Embracing work breaks: Recovering from Work Stress. Organizational Dynamics 42, (2013): 274–280.

76 Sooyeol Kim, Youngah Park und Lucille Headrick. Employees' Micro-Break Activities and Job Performance: An Examination of Telemarketing Employees. Academy of Management Annual Meeting Proceedings 1 (2015): 13,943–13,943.

77 Pavle Mijovic, Vanja Ković, Ivan Mačužić, et al. Do Micro-Breaks Increase the Attention Level of an Assembly Worker? An ERP Study. Procedia Manufacturing 3 (2015): 5074–5080.

78 Brent L. S. Coker. Freedom to Surf: The Positive Effects of Workplace Internet Leisure Browsing. New Technology, Work and Employment 26, Ausgabe 3 (2011): 238–247.

79 Charlotte Fritz, et al. Embracing work breaks – Recovering from work stress.

80 Hongjai Rhee und Sudong Kim. Effects of Breaks on Regaining Vitality at Work: An Empirical Comparison of Conventional' and 'Smart Phone' Breaks. Computers in Human Behavior 57 (2016): 160–167.

81 Marianna Virtanen, Archana Singh-Manoux, Jane E. Ferrie, et al. Long Working Hours and Cognitive Function: The Whitehall II Study. American Journal of Epidemiology 169, Ausgabe 5 (1. März 2009): 596–605.

82 Erin Reid. Embracing, Passing, Revealing, and the Ideal Worker Image: How People Navigate Expected and Experienced Professional Identities. Organization Science 26, no. 4 (2015): 997–1017.

83 Thich Nhat Hanh. Begin Peace. Parallax Press 1987. Seite 47.

84 Alex Soojung-Kim Pang. How Resting More Can Boost Your Productivity. Greater Good Magazine.11. Mai 2017.

85 J. N. Morris, J. A. Heady, P. A. B. Raffle, C. G. Roberts und J. W. Parks. Coronary Heart Disease and Physical Activity of Work. Lancet 262, no. 6795 (1953): 1053–1057.

86 Laura E. Finch, A. Janet Tomiyama und Andrew Ward. Taking a Stand: The Effects of Standing Desks on Task Performance and Engagement. International Journal of Environmental Research and Public Health 14, no. 8 (August 2017): 939.

87 Frank W. Booth, Christian K. Roberts, John P. Thyfault, Gregory N. Ruegsegger und Ryan G. Toedebusch. Role of Inactivity in Chronic Diseases: Evolutionary Insight and Pathophysiological Mechanisms. Physiology Review 97, no. 4 (1. Oktober 2017): 1351–1402.

88 I-Min Lee, Eric J Shiroma, Felipe Lobelo, Pekka Puska, Steven N Blair, P und Peter T. Katzmarzyk. Impact of Physical Inactivity on the World's Major Non-Communicable Diseases. Lancet 380, no. 9838 (21. Juli 2012): 219–229.

89 Andreas Ströhle. Physical activity, exercise, depression and anxiety disorders. Journal of Neural Transmission (Wien) 116, no. 6 (Juni 2009): 777–784.

90 Helen E. Brown, Nicholas D. Gilson, Nicola W. Burton und Wendy J. Brown. Does Physical Activity Impact on Presenteeism and Other Indicators of Workplace Well-Being? Sports Medicine 41 (2011): 249.

91 Candice L. Hogan, Jutta Mata und Laura L. Carstensen. Exercise Holds Immediate Benefits for Affect and Cognition in Younger and Older Adults. Psychology and Aging 28, no. 2. (Juni 2013): 587–594.

92 Marily Oppezzo und Daniel L. Schwartz. Give Your Ideas Some Legs: The Positive Effect of Walking on Creative Thinking. Journal of Experimental Psychology: Learning, Memory, and Cognition 40, no. 4 (2014): 1142–1152.

93 Nicolaas P. Pronk, Brian Martinson, Ronald Kessler, Arne Beck, Gregory Simon und Philip Wang. The Association between Work Performance and Physical Activity, Cardiorespiratory Fitness, and Obesity. Journal of Occupational and Environmental Medicine 46, no. 1 (Januar 2004): 19–25.

94 J. C. Coulson, J. McKenna und M. Field. Exercising at work and self-reported work performance. International Journal of Workplace Health Management 1, Ausgabe 3 (2008): 176–197.

95 Emmanuel Stamatakis, Ngaire Coombs, Alex Rowlands, Nicola Shelton und Melvyn Hillsdon. Objectively-Assessed and Self-Reported Sedentary Time in Relation to Multiple Socioeconomic Status Indicators among Adults in England: A Cross-Sectional Study. BMJ Open 4 2014.

96 Hidde P. van der Ploeg, Tien Chey, Rosemary J. Korda, Emily Banks und Adrian Bauman. Sitting Time and All-Cause Mortality Risk in 222 497 Australian Adults. Archives of Internal Medicine 172, no. 6 (2012): 494–500.

97 Avner Ben-Ner, Darla J. Hamann, Gabriel Koepp, Chimnay U. Manohar und James Levine. Treadmill Workstations: The Effects of Walking While Working on Physical Activity and Work Performance. PLOS ONE 9, Nr. 2 2014.

98 Avner Ben-Ner, Darla J. Hamann, Gabriel Koepp und James Levine. The Effects of Walking while Working on Productivity and Health: A Field Experiment. Mai 2012.

99 Brittany T. MacEwen, Dany J. MacDonald und Jamie F. Burr. A Systematic Review of Standing and Treadmill Desks in the Workplace. Preventive Medicine 70 (2015): 50–58.

100 Christi S. Ulmer, Barbara A. Stetson und Paul G. Salmon. Mindfulness and Acceptance Are Associated with Exercise Maintenance in YMCA Exercisers. Behavioral Research and Therapy 48, no. 8 (August 2010): 805–809

101 Katy Tapper, Christine Shaw, Joanne Ilsley, Andrew J. Hill, Frank W. Bond, Laurence Moore. Exploratory randomised controlled trial of a mindfulness-based weight loss intervention for women. Appetite 52, Ausgabe 2 (April 2009): 396–404.

102 Teresa D. Hawkes, Wayne Manselle und Marjorie H. Woollacott. Cross-Sectional Comparison of Executive Attention Function in Normally Aging Long-Term T'ai Chi, Meditation, and Aerobic Fitness Practitioners Versus Sedentary Adults. Journal of Alternative and Complementary Medicine 20, no. 3 (1. März 2014): 178–184.

103 Anu Kangasniemi, Raimo Lappalainen, Anna Kankaanpää und TuijaTammelin. Mindfulness Skills, Psychological Flexibility, and Psychological Symptoms among Physically Less Active and Active Adults. Mental Health and Physical Activity 7, Ausgabe 3 (2014): 121–127.

104 Fumio Shaku, Madoka Tsutsumi, Hideyoshi Goto und Denise Saint Arnoult. Measuring the Effects of Zen Training on Quality of Life and Mental Health among Japanese Monk Trainees: A Cross-Sectional Study. Journal of Alternative and Complementary Medicine 20, no. 5 (Mai 2014): 406–410.

105 Fabiana Braga Benatti und Mathias Ried-Larsen. The Effects of Breaking up Prolonged Sitting Time: A Review of Experimental Studies. Medicine & Science in Sports & Exercise 47, no. 10 (Oktober 2015): 2053–2061.

106 Markus D. Jakobsen, Emil Sundstrup, Mikkel Brandt und Lars L. Andersen. Psychosocial Benefits of Workplace Physical Exercise: Cluster Randomized Controlled Trial. BMC Public Health 17 (2017): 798.

107 James H. O'Keefe, Carl J. Lavie und Marco Guazzi. Part 1: Potential Dangers of Extreme Endurance Exercise: How Much Is Too Much? Part 2: Screening of School-Age Athletes. Progress in Cardiovascular Diseases 57, Ausgabe 4 (2014).

108 Kate Crosby und Andrew Skilton. The Bodhicaryavatra. Oxford University Press 1995. Seite 103.

109 O'Keefe et al. Part 1: Potential Dangers of Extreme Endurance Exercise: How Much Is Too Much? Part 2: Screening of School-Age Athletes.

110 Stéphane Brutus, Roshan Javadian und Alexandra Joelle Panaccio. Cycling, Car, or Public Transit: A Study of Stress and Mood upon Arrival at Work. International Journal of Workplace Health Management 10, no. 1 (2017): 13–24.

111 Kate Crosby und Andrew Skilton. The Bodhicaryavatra. Seite 26.

112 Moshe Walshe. The Long Discourses of the Buddha. Wisdom Publications 1987. Seite 463.

113 Gil Frondsal. The Dhammapada. Shamabhala Publications 2005. Seite 84.

114 Arianna Huffington. Die Schlaf-Revolution. Plassen Verlag 2016.

115 Michael A. Grandner. Sleep, Health, and Society. Journal of Clinical Sleep Medicine 12, no. 1 (März 2017): 1–22.

116 E. R. Kucharczyk, K. Morgan und A. P. Hall. The Occupational Impact of Sleep Quality and Insomnia Symptoms. Sleep Medicine Review 16, no. 6 (Dezember 2012): 547–559.

117 R.C. Kessler, Patricia A. Berglund, Catherine Coulouvrat, et al. Insomnia and the Performance of US Workers: Results from the America Insomnia Survey. Sleep 34, no. 9 (1. September 2011): 1161–1171.

118 Mark B. Rosekind, Kevin B. Gregory, Melissa M. Mallis, et al. The Cost Costs. Journal of Occupational and Environmental Medicine 52, no. 1 (Januar 2010): 91–98.

119 Matthew Gibson und Jeffrey Shrader. Time Use and Productivity: The Wage Returns to Sleep. Review of Economics and Statistics 100, no. 5 (2018), 783–798.

120 Irshaad O. Ebrahim, Colin M. Shapiro, Adrian J. Williams und Peter B. Fenwick. Alcohol and Sleep I: Effects on Normal Sleep. Alcoholism Clinical and Experimental Research. 37, no. 4 (April 2013): 539–549.

121 Michael Gradisar, Amy R. Wolfson, Allison G. Harvey, et al. The Sleep and Technology Use of Americans: Findings from the National Sleep Foundation's 2011 Sleep in America Poll. Journal of Clinical Sleep Medicine 9, no. 12 (15. Dezember 2013): 1291–1299.

122 Anne-Marie Chang, Daniel Aeschbach, Jeanne F. Duffy und Charles A. Czeislera. Evening Use of Light-Emitting eReaders Negatively Affects Sleep, Circadian Timing, and Next-Morning Alertness. Proceedings of the National Academy of Sciences USA 112, no. 4 (Januar 2015): 1232–1237.

123 YongMin Cho, Seung-Hun Ryu, Byeo Ri Lee, Kyung Hee Kim, Eunil Lee und Jaewook Choi. Effects of artificial light at night on human health: A literature review of observational and experimental studies applied to exposure assessment. Chronobiology International 32, no. 9 (2015): 1294–1310.

124 Jitendra M. Mishra. A Case for Naps in the Workplace. Seidman Business Review 15, Ausgabe 1, Artikel 9 (2009).

125 Mark R. Rosekind Roy M. Smith, Donna L. Miller, et al. Alertness Management: Strategic Naps in Operational Settings. Journal of Sleep Research 4, supplement 2 (Dezember 1995): 62–66.

126 Bhikkhu Nanamoli und Bhikkhu Bodhi. The Middle Length Discourses of the Buddha. Wisdom Publications 1995. Seite 342.

127 Bhikkhu Bodhi. The Connected Discourses of the Buddha. Wisdom Publications 2000. Seite 313.

128 Bhikkhu Bodhi. The Numerical Discourses of the Buddha. Wisdom Publications 2012. Seite 1573.

129 David S. Black, Gillian A O'Reilly, Richard E. Olmstead, Elizabeth C. Breen, und Michael R. Irwin. Mindfulness Meditation and Improvement in Sleep Quality and Daytime Impairment among Older Adults with Sleep Disturbances. JAMA Internal Medicine 175, no. 4 (1. April 2015): 494–501.

130 Sheila N. Garland, Eric S. Zhou, Brian D. Gonzalez und Nicole Rodriguez. The Quest for Mindful Sleep: A Critical Synthesis of the Impact of Mindfulness-Based Interventions for Insomnia. Current Sleep Medicine Reports 1, no. 3 (September 2016): 142–151.

131 Thanissaro Bhikkhu. The Buddhist Monastic Code I. Metta Forest Monastery 2013. Seite 291.

132 Moshe Walshe. The Long Discourses of the Buddha. Wisdom Publications 1987. Seite 462.

133 Bella M. DePaulo, Deborah A. Kashy, Susan E. Kirkendol, Melissa M. Wyer und Jennifer A. Epstein. Lying in Everyday Life. Journal of Personality and Social Psychology 70 (1996): 979.

134 Keith Leavitt und David M. Sluss. Lying for Who We Are: An Identity-Based Model of Workplace Dishonesty. Academy of Management Review 40, no. 4. 2005.

135 Kim Scott. Radical Candor. St. Martin's Press 2017. Seite 10.

136 Bhikkhu Bodhi. Die Lehren des Buddha zu einer sozialen und harmonischen Gesellschaft. Verlag Beyerlein & Steinschulte 2018. Seite 114

137 Ebenda, Seite 114.

138 Ebenda, Seite 109.

139 Ebenda, Seite 94.

140 Kim Scott. Radical Candor – How to Get What You Want by Saying What You Mean. Seite 32.

141 Kate Crosby und Andrew Skilton. The Bodhicaryavatra. Oxford University Press 1995. Seite 41.

142 Bhikkhu Thanissaro. Buddhist Monastic Code I. Seite 293.

143 Bhikkhu Nanamoli und Bhikkhu Bodhi. The Middle Length Discourses of the Buddha. Wisdom Publications 1995. Seite 524.

144 Gil Frondsal. The Dhammapada. Shamabhala Publications 2005.

145 Bhikkhu Bodhi. The Numerical Discourses of the Buddha. Wisdom Publications 2012. Seite 743.

146 El Baillien, Jeroen Camps, Anja Vanden Broeck, Jeroen Stouten, LodeGodderis, Maarten Sercu und Hans DeWitte. An Eye for an Eye Will Make the Whole World Blind: Conflict Escalation into Workplace Bullying and the Role of Distributive Conflict Behavior. Journal of Business Ethics 137, Ausgabe 2 (August 2016): 415–429.

147 Bhikkhu Bodhi. Die Lehren des Buddha zu einer sozialen und harmonischen Gesellschaft. Verlag Beyerlein & Steinschulte 2018. Seite 110.

148 Ebenda, Seite 171.

149 Bhikkhu Bodhi. The Connected Discourses of the Buddha. Wisdom Publications 2000. Seite 1597.

150 Bhikkhu Bodhi. The Noble Eightfold Path. Pariyatti Publishing 2000. Seite 63. (Deutsche Ausgabe: Der edle achtgliedrige Heilsweg – Der Weg zur Beendigung des Leidens. Beyerlein & Steinschulte 2002.)

151 Moshe Walshe. The Long Discourses of the Buddha. Wisdom Publications 1987. Seite 462.

152 Tait D. Shanafelt, Colin P. West, Je A. Sloan, et al. Career Fit and Burnout among Academic Faculty. Archives of Internal Medicine 169, no. 10 (2009): 990–995.

153 Rita Gunther McGrath. Failing by Design. Harvard Business Review 89, no. 4 (April 2011): 76–83, 137.

154 Daw Mya Tin. The Dhammapada: Verses & Stories. Sri Satguru Publications 1990. Seite 380.

155 Gil Fronsdal. The Dhammapada. Shambhala Publications 2005. Seite 72. (Ich habe tatagathas mit »Lehrer« übersetzt, denn Fronsdal selbst beließ es im Original.)

156 Matthew Bortolin. The Dharma of Star Wars. Wisdom Publications 2015. Seite xii.

157 Mark Twain. Der selige Benjamin Franklin. z. B. In: Die Eine-Million-Pfund-Note und andere ausgewählte Erzählungen. Diogenes 1987.

158 Kathleen Nolan. Buddhism, Zen, and Bioethics. Bioethics Yearbook 3 1993.

159 Thich Nhat Hanh. Breathe: You Are Alive! (Parallax Press 2008. Seite 3.

160 Eddie Stern. One Simple Thing. North Point Press 2019. Seite 171.

161 Ebenda, Seite 405.

162 Thich Nhat Hanh. Breathe: You Are Alive! ist besonders gut.

163 Bhikkhu Nanamoli und Bhikkhu Bodhi. The Middle Length Discourses of the Buddha. Wisdom Publications 1995. Seite 943.

164 Oskar von Hinuber. A Handbook of Pali Literature. (Munshiram Manoharlal Publishers 1997. Seite 24.

165 John D. Ireland. Itivuttaka: The Buddha's Sayings. Buddhist Publication Society 1997. Seite 11.

166 Thomas Hugh Feeley, Jennie Hwang und George A. Barnett. Predicting Employee Turnover from Friendship Networks. Journal of Applied Communication Research 36, no. 1 (2008): 56–73.

167 Charlotte Fritz, Chak Fu Lam und Gretchen M. Spreitzer. It's the Little Things That Matter: An Examination of Knowledge Workers' Energy Management. Academy of Management Perspectives 25, no. 3 (2017): 28–39.

168 Rachel Morrison. Gender Differences in the Relationship Between Workplace Friendships and Organisational Outcomes. Enterprise and Innovation (2007): 33.

169 Julianna Pillemer und Nancy P. Rothbard. Friends without Benefits: Understanding the Dark Sides of Workplace Friendship. Academy of Management Review 43, no. 4 (2018).

170 Patricia M. Sias und Daniel J. Cahill. From Coworkers to Friends: The Development of Peer Friendships in the Workplace. Western Journal of Communication 62, no. 3 (1998): 273–299.

171 Charlotte Fritz, et al. It's the Little Things That Matter.

172 Charles A. Pierce und Herman Aguinis. Bridging the Gap between Romantic Relationships and Sexual Harassment in Organizations. Journal of Organizational Behavior 18 (1997): 197–200.

173 Vanessa K. Bohns und Lauren A. DeVincent. Rejecting Unwanted Romantic Advances Is More Difficult Than Suitors Realize. Social Psychological and Personality Science (2018): 1–9.

174 Ebenda.

175 Bhikkhu Bodhi. The Connected Discourses of the Buddha. Wisdom Publications 2000. Seite 1524.

176 Mohan Wijyayaranta. Buddhist Monastic Life: According to the Sources of the Theravada Tradition. Cambridge University Press 1990. Seite 173.

177 Bhikkhu Bodhi. The Suttanipata. Wisdom Publications 2017. Seite 223.

178 Erin Reid. Embracing, Passing, Revealing, and the Ideal Worker Image: How People Navigate Expected and Experienced Professional Identities. Organization Science 26, no. 4 (2015): 997–1017.

179 Charlotte Fritz, Chak Fu Lam und Gretchen M. Spreitzer. It's the Little Things That Matter: An Examination of Knowledge Workers' Energy Management. Academy of Management Perspectives 25, no. 3 (2017): 28–39.

180 Evangelia Demerouti, Arnold B. Bakker, Sabine Sonnentag und Clive J. Fullagar. Work-Related Flow and Energy at Work and at Home: A Study on the Role of Daily Recovery. Journal of Organizational Behavior 33 (2012): 276–295.

181 Ellen Ernst Kossek und Brenda A. Lautsch. Work-Life Flexibility for Whom? Occupational Status and Work-Life Inequality in Upper, Middle, and Lower Level Jobs. Academy of Management Annals 12, no. 1 (2017).

182 Bhikkhu Bodhi. The Suttanipata. Seite 742.

183 Hubert Nearman. The Monastic Office. Shasta Abbey 1993. Seite 18.

184 Bhikkhu Bodhi. The Connected Discourses of the Buddha. Wisdom Publications 2000. Seite 901–903.

185 Rev. angel Kyodo Williams. Radical Challenge. In: Rev. angel Kyodo williams. Lama Rod Owens. Mit: Jasmine Syedullah. Radical Dharma. North Atlantic Books 2016. Seite xxiii.

186 Zenju Earthlyn Manuel. The Way of Tenderness: Awakening through Race, Sexuality, and Gender. Wisdom Publications 2015. Seite 8.

187 Alex Soojung-Kim Pang. The Distraction Addiction. Little, Brown and Company 2013. Seite 15.

188 Preetinder S. Gill, Ashwini Kamath und Tejkaran S. Gill. Distraction: An Assessment of Smartphone Usage in Health Care Work Settings. Risk Management and Healthcare Policy 5 (2012): 105–114.

189 Ebenda.

190 Jill T. Shelton. The Distracting Effects of a Ringing Cell Phone: An Investigation of the Laboratory and the Classroom Setting. Journal of Environmental Psychology 29, no. 4 (Dezember 2009): 513–521.

191 Bhikku Analayo. Early Buddhist Meditation Studies. Barre Center for Buddhist Studies 2017. Seite 109.

192 Mihaly Csikszentmihalyi, Sami Abuhamdeh und Jeanne Nakamura. Flow. In: Mihaly Csikszentmihalyi. Flow and the Foundations of Positive Psychology. Springer 2014. Seite 230.

193 Jill T. Shelton. The Distracting Effects of a Ringing Cell Phone.

194 Wesley C. Clapp, Michael T. Rubens, Jasdeep Sabharwal und Adam Gazzaley. Deficit in Switching between Functional Brain Networks Underlies the Impact of Multitasking on Working Memory in Older Adults. Proceeding of the National Academy of Science 108, no. 17 (26. April 2011): 7212–7217.

195 Faria Sana, Tina Weston und Nicholas J. Cepeda. Laptop Multitasking Hinders Classroom Learning for Both Users and Nearby Peers. Computers & Education 62 (März 2013): 24–31.

196 Kate Crosby und Andrew Skilton. The Bodhicaryavatra. Oxford University Press 1995. Seite 36.

197 Alex Soojung-Kim Pang. The Distraction Addiction. Little, Brown and Company 2013. Seite 61.

198 Ebenda, Seite 62.

199 Shunryu Suzuki. Branching Streams Flow in the Darkness. University of California Press 1999. Seite 3.

200 Bhikkhu Nanamoli und Bhikkhu Bodhi. The Middle Length Discourses of the Buddha. Wisdom Publications 1995. Seite 134.

201 Malia Wollan. Failure to Lunch: The Lamentable Rise of Desktop Dining. New York Times Magazine (27. Februar 2016): 50.

202 Stephanie A. Boone und Charles P. Gerba. The Prevalence of Human Parainfluenza Virus 1 on Indoor Office Fomites. Food and Environmental Virology 2 (2010): 41.

203 Stephanie A. Boone und Charles P. Gerba. Significance of Fomites in the Spread of Respiratory and Enteric Viral Disease. Applied and Environmental Microbiology 73, no. 6 (März 2007): 1687–1696.

204 Thanaissaro Bhikkhu. The Buddhist Monastic Code. Metta Forest Monastery 2013. Seite 497.

205 Evangelia Demerouti, Arnold B. Bakker, Sabine Sonnentag und Clive J. Fullagar. Work-Related Flow and Energy at Work and at Home: A Study on the Role of Daily Recovery. Journal of Organizational Behavior 33 (2012): 276– 295.

206 Jessica de Bloom, Ulla Kinnunen und Kalevi Korpela. Exposure to Nature versus Relaxation during Lunch Breaks and Recovery from Work: Development and Design

of an Intervention Study to Improve Workers' Health, Well-Being, Work Performance and Creativity. BMC Public Health 14 (2014): 488.

207 Bhikkhu Bodhi. The Connected Discourses of the Buddha. Wisdom Publications 2000. Seite 176.

208 Bhikkhu Anālayo. Overeating and Mindfulness in Ancient India. Mindfulness 9 (2018): 1648–1654.

209 siehe das Kapitel mit dem Titel »Essen fürs Denken, denken fürs Essen« in Tara Cottrell und Dan Zigmond. Wie Buddha das Intervallfasten erfand. TRIAS Verlag 2019.

210 Michael T. French, Johanna Catherine Maclean, Jody L. Sindelar und Hai Fang. The Morning After: Alcohol Misuse and Employment Problems. Applied Economics 43, no. 21 (2011): 2705–2720.

211 Silje L. Kaspersen, Kristine Pape, Gunnhild Å. Vie, Solveig O. Ose, Steinar Krokstad, David Gunnell und Johan H. Bjørngaard. Health and Unemployment: 14 Years of Follow-Up on Job Loss in the Norwegian HUNT Study. European Journal of Public Health 26, no. 2 (April 2016): 312–317.

212 212 Rupert Gethin. Sayings of the Buddha: A Selection of Suttas from the Pali Nikayas. Oxford University Press 2008. Seite 131.

213 Bureau of Labor Statistics, US Department of Labor. Labor Force Statistics from the Current Population Survey. (19. Januar 2018). https://www.bls.gov/cps/cpsaat11.htm.

214 Gil Fronsdal. The Dhammapada. Shambhala Publications 2005. Seite 1.

215 Thanissaro Bhikkhu. The Buddhist Monastic Code I. Metta Forest Monastery 2013. Seite 329.

216 Bhikkhu Bodhi. The Numerical Discourses of the Buddha. Wisdom Publications 2012. Seite 816.

217 Damien P. Horigan. Of Compassion and Capital Punishment: A Buddhist Perspective on the Death Penalty. American Journal of Jurisprudence 41 (1996); Leanne Fiftal Alarid und Hsiao-Ming Wang. Mercy and Punishment: Buddhism and the Death Penalty. Social Justice 28, no. 1 (2001): 231–247

218 Gil Fronsdal. Dhammapada. Seite 13.

219 Steven D. Levitt. Heads or Tails: The Impact of a Coin Toss and Major Life Decisions and Subsequent Happiness. National Bureau of Economic Research, Working Paper 22587 (August 2016).

220 Ebenda, Seite 16.

221 Wendy R. Boswell, John W. Boudreau, Jan Tichy. The Relationship between Employee Job Change and Job Satisfaction: The Honeymoon-Hangover Effect. Journal of Applied Psychology 90, no. 5 (September 2005): 882–892.

222 Moshe Walshe. The Long Discourses of the Buddha. Wisdom Publications 1987. Seite 482.

223 Bhikkhu Bodhi. The Numerical Discourses of the Buddha. Wisdom Publications 2012. Seite 790.

224 Maurice Walshe. Long Discourses of the Buddha. Seite 69–70.

225 Bhikkhu Bodhi. The Connected Discourses of the Buddha. Wisdom Publications 2000. Seite 1333.

226 Bureau of Labor Statistics, U.S. Department of Labor. Number of Jobs, Labor Market Experience, and Earnings Growth among Americans at 50: Results from a Longitudinal Survey. (24. August 217).

227 Gil Fronsdal. The Dhammapada. Shambhala Publixations 2005. Seite 14.

228 Bhikkhu Nanamoli. The Life of the Buddha. BPS Pariyatti Editions 2001. Seite 17–18.

229 Ebenda.

230 Bhikkhu Bodhi, The Numerical Discourses of the Buddha. Wisdom Publications 2012. Seite 285.

231 Bhikkhu Nanamoli und Bhikkhu Bodhi. The Middle Length Discourses of the Buddha. Wisdom Publications 1995. Seite 780.

232 Thich Nhat Hanh. Present Moment, Wonderful Moment. Parallax Press 1990. Seite vii.

233 Ebenda, Seite viiii.

234 Larry Yang. Awakening Together. Wisdom Publications 2017. Seite 41–42.

235 His Holiness the 14th Dalai Lama. Kindness, Clarity, and Insight. Snow Lion 1984.

236 Dan Zigmond. A Toast to Paying Attention! Lion's Roar. Januar 2019.

237 Stephen Batchelor. A Guide to the Bodhisattva Way of Life. Library of Tibetan Works and Archives 1999.

238 Kate Crosby und Andrew Skilton. The Bodhicaryavatra. Oxford University Press 1995. Seite 43.

239 Robert Wright. Warum Buddhismus wirkt. Lotos 2018.

240 Ebenda.

241 Bhikkhu Nanamoli und Bhikkhu Bodhi. The Middle Length Discourses of the Buddha. Wisdom Publications 1995. Seite 484.